Acompañante de transporte escolar

avanza editorial

Editado por:
EDITORIAL FAE, S.L.U.
Correo electrónico: editorial@editorialfae.com

Acompañante de transporte escolar
María Luisa Peláez Recio

1ª Edición

ISBN: 978-84-1135-337-3

Impreso en España

Índice

U. A. 3. Identificación de las funciones del conductor

U. A. 4. Aplicación de las instrucciones en caso de accidente

Índice

U. A. 1. Conocimiento acerca de los diferentes tipos de transporte escolar dirigidos a menores

Introducción

El acompañante de transporte escolar es un monitor/a que asiste al alumnado en el autobús de transporte escolar. Como su propio nombre indica, acompaña a los estudiantes desde el comienzo hasta el final de la ruta. Se asegura que la ruta sea segura y vela por que la expedición desde la parada al colegio transcurra con normalidad.

La figura del acompañante escolar ha experimentado una importancia considerable en los últimos años, desde que los padres delegan en este profesional las funciones de cuidado del alumnado hasta la entrada al colegio.

No solo controla el normal desarrollo dentro del vehículo, sino también en los puntos más conflictivos: recogida de niños/as de las paradas y la llegada al centro educativo. Velará por que el alumnado se apee del autobús por la acera y cruce por los pasos de peatones destinados para tal fin.

 Importante

Es la persona encargada del orden y la seguridad durante toda la expedición.

No es obligatorio vestir de uniforme. Lo que sí es recomendable es que porte un chaleco reflectante para ser visto por los demás usuarios de la vía ya que el asistente de acompañamiento debe bajar y subir del autobús constantemente: en cada parada debe recoger alumnos, cruzar a los estudiantes por los pasos habilitados, recoger pasajeros, etc. Siempre está expuesto al peligro que entraña la carretera.

Vocabulario

Transporte escolar. Aquel servicio regular de uso especial cuando al menos una tercera parte de los pasajeros tuviese una edad inferior a 16 años al inicio del curso.

Fig. 1. El acompañante escolar deberá portar un chaleco reflectante para advertir a los demás usuarios de la vía de su presencia

Lo más normal es que se sitúe en la parte central o trasera del autobús. Deberá hacer un recuento de todos los pasajeros para comprobar que no falta ninguno.

En caso de ausencia, deberá hacer una llamada a los padres para comprobar que la falta es justificada.

Por tanto, se trata de una expedición donde muchos de los pasajeros cuentan con menos de 16 años. Cuando se dirijan a un centro educativo, se denominará escolar. En otro caso, se denominará transporte de menores, pero los requisitos son los mismos.

Ejemplo

Por ejemplo, el equipo de fútbol de alevines del Fuenlabrada, de menos de 16 años, compite un domingo contra el Coslada C.F. El traslado de los jugadores al campo también tiene las mismas consideraciones que el transporte escolar.

Objetivos

- Clasificar los tipos de transporte escolar.
- Identificar las características de los vehículos destinados a transporte escolar.
- Reconocer los distintivos del transporte de estudiantes.
- Conocer los requisitos que deben cumplir los conductores de TE y las limitaciones.
- Manejar las instrucciones básicas en caso de accidente.

1. Clasificación del transporte escolar y de menores

Como se ha mencionado anteriormente, el transporte escolar y de menores puede ser de diversos tipos.

Según su **finalidad**, pueden ser:

- **Transporte escolar**, propiamente dicho: se trata del transporte de alumnos y estudiantes de menos de 16 años desde su domicilio a una institución educativa (colegio, instituto, escuela oficial, conservatorio, etc.).
- **Transporte de menores:** son aquellos en la que los pasajeros son menores y se desplazan con motivo de una excursión, evento deportivo, etc.

Fig. 2. El transporte de niños a un partido de futbol se considera transporte de menores siempre que al menos un 50% del pasaje tenga menos de 16 años

Según **la naturaleza del servicio**.

- **Transporte público:** aquel que se realiza mediante una remuneración prestablecida a una empresa por cuenta ajena.
- **Transporte privado:** aquel en la que los menores estudiantes son trasladados al colegio en vehículos particulares del centro.

Según su **ámbito**:

- **Transporte escolar urbano:** aquel que se lleva a cabo en poblado.

- **Transporte escolar interurbano:** aquel que conecta dos o más municipios y para acceder al centro educativo es necesario el tránsito por vías interurbanas.

Según la modalidad del **contrato:**

- **Servicios exclusivos:** aquellos que están destinados a transporte escolar íntegramente.
- **Servicios concesionarios:** aquellos vehículos contratados con empresas concesionarias de líneas regulares con reserva exclusiva de plazas para menores. Por ejemplo: en determinadas áreas rurales, no hay un volumen considerable de niños a transportar. No tiene sentido fletar un autobús expresamente para tan pocos pasajeros. En este caso, existe un autobús de línea donde se destina un número predeterminado de plazas al transporte de menores al colegio del municipio colindante y el resto de las plazas puede ser ocupada por viajeros de línea.

2. Transportes regulares de uso especial

Según el art. 89 de la Ley de Organización de Transportes Terrestres (LOTT), los transportes regulares de viajeros de uso especial deberán contar con una autorización expedida por la Administración Competente para poder prestar servicio.

Vocabulario

Transporte público regular de uso especial: aquellos servicios dirigidos al traslado exclusivo de un grupo específico de pasajeros. Pueden ser escolares, militares, trabajadores o grupos homogéneos parecidos.

Las **autorizaciones y licencias** deberán registrar explícitamente:

- La duración del contrato.

- La extinción de la autorización (indicando, por ejemplo, cuando no se va a prestar servicio porque los alumnos están de vacaciones).
- Condiciones de otorgamiento (registradas en el "pliego de condiciones").
- Cláusulas específicas de explotación (número de paradas, coste, número de plazas para la ruta, itinerario, etc.).

Fig. 3. El transporte de militares del cuartel al campo de maniobras se considera transporte público regular de uso específico. Se clasifica en el mismo grupo que los transportes escolares

No procederá la autorización de un servicio especial si existe uno de uso general coincidente, que pueda satisfacer las necesidades. Especialmente no se expedirán licencias si la ruta no es rentable o arroja pérdidas. En ese caso, lo más normal es que las empresas de transporte ni tan siquiera se postulen a una ruta tal (no presenten candidatura).

Cuando los servicios de transporte escolar deban ser cubiertos con transporte discrecional o de línea, deberán contar con la autorización adecuada a la ruta, según el régimen adecuado al que pertenezcan.

Anotación

Cuando el autobús presta servicio para una ruta pública, debe presentar los contratos ante la Dirección General de Transporte Terrestre antes del 30 de septiembre de cada año.

En ese sentido, las empresas de autobuses destinadas a rutas escolares se quejaban de que los servicios a colegios e institutos comenzaban del 15 al 20 de septiembre, por lo que era muy precipitado presentar la documentación de comprobación anual antes del día 30 de dicho mes. Estas empresas no sabían el número de vehículos a destinar a este servicio hasta última hora, con lo cual, resultaba muy difícil preparar la documentación en plazo y forma. En 2019 la Dirección General de Transporte (DGTT) decidió ampliar el plazo para estas concesiones por motivos obvios.

La inspección de las autorizaciones:

El R.D. 894/2002, de 30 de agosto sobre transporte escolar y de menores, establece las directrices de las inspecciones a transporte de menores. Estos controles son más exhaustivos y numerosos que otras inspecciones, ya que un accidente en este tipo de traslados supone una gran alama social.

Se sabe que las autorizaciones se entregan pasadas muchas semanas del inicio del curso escolar. Por eso este tipo de inspecciones se lleva a cabo con tiempo suficiente para que todos los transportistas hayan tenido tiempo de solicitar y tramitar esta licencia. Por otro lado, el **Reglamento de Ordenación del Transporte Terrestre** (**ROTT**) considera que el resguardo de tramitación se considera **autorización provisional** pasados 15 días de la solicitud, y se considerará **autorización definitiva** después de pasados 3 meses de la solicitud de dicha licencia.

3. Transportes regulares de uso general

El transporte regular de uso general es aquel que cualquier pasajero puede hacer uso.

Vocabulario

El **transporte regular de uso general** es aquel que va dirigido a satisfacer una demanda general, siendo utilizable por cualquier interesado.

Según el **art. 69**, estos transportes son titularidad de la Administración, por ser un servicio público destinado a un fin general social. Todos los usuarios deben ser admitidos a la ruta, siempre y cuando cumplan la normativa vigente en materia de convivencia y seguridad del pasaje.

El **art. 70** dicta que los servicios regulares permanentes deben disponer de una concesión administrativa. Deberán ser actualizadas y renovadas periódicamente.

 **Importante**

Las concesiones serán exclusivas: ninguna empresa distinta a la concesionaria podrá establecer una ruta similar o paralela a la concesionaria sin que sea considerada competencia desleal.

El otorgamiento de la concesión seguirá un procedimiento de concurso (art. 73). Por otro lado, el art. 75 indica que la Administración podrá llevar a cabo las modificaciones en las condiciones de prestación bien de oficio o a instancia de las empresas o los pasajeros: reducción o ampliación de itinerario, supresión de paradas y apeaderos, etc. En cualquier caso, dichas rectificaciones deberán respetar el equilibrio económico y la rentabilidad de la concesión.

Fig. 4. Los transportes regulares deberán tomar y soltar pasajeros en las paradas y apeaderos habilitados para tal fin. Habitualmente constan de marquesinas y asientos con protección para la lluvia y el sol

legislación

Los transportes públicos regulares permanentes de viajeros de uso general se regulan en los artículos del 69 al 87 de la LOTT.

4. Transportes discrecionales

El transporte que se desarrolla sin sujeción a itinerario, calendario ni horario preestablecido se denomina **discrecional**.

Por ejemplo, son transportes discrecionales todos los transportes públicos de mercancías por carretera, aunque dispongan de itinerario, fecha y horario.

En el transporte de pasajeros, los trayectos discrecionales pueden ser:

- De **carácter general**: servicio de carácter ordinario como la contratación de un autobús para hacer una excursión con menores.
- De **carácter específico**: servicio que requiere una autorización específica. Por ejemplo, un autobús que se contrata por un tour operador para hacer un paquete turístico.

Fig. 5. Los autobuses turísticos que recorren las principales capitales, se consideran discrecionales específicos

5. Transportes privados complementarios

Un transporte privado es complementario cuando una compañía no destinada al sector transportes, desarrolla una actividad de traslado de personas en función de las necesidades derivadas del desempeño de su actividad.

Por ejemplo: una empresa de manipulación de contenedores fleta a disposición de los empleados un autobús que traslada a la plantilla hasta el puerto. En este caso, la compañía deberá comprobar que el desplazamiento cumple con la normativa vigente y cuenta con los permisos oportunos.

Para que el transporte privado sea considerado **complementario**, los vehículos empleados deberán ser propiedad de la empresa, al menos, en régimen de arrendamiento o sus modalidades (leasing, renting, etc.).

Fig. 6. Las empresas constructoras suelen fletar autobuses de traslado de los trabajadores al puesto de trabajo

Resumen

El Transporte escolar, es aquel que se lleva a cabo a alumnos y estudiantes de menos de 16 años desde su domicilio a una institución educativa.

Por otro lado, está el transporte de menores que son aquellos en la que los pasajeros son menores y se desplazan con motivo de una excursión, evento deportivo, etc.

Dentro de la clasificación de los tipos de transporte, cabe destacar:

- Transporte público: aquel que se realiza mediante una remuneración prestablecida a una empresa por cuenta ajena.
- Transporte privado: aquel en la que los menores estudiantes son trasladados al colegio en vehículos particulares del centro.
- Transporte público regular de uso especial: aquellos servicios dirigidos al traslado exclusivo de un grupo específico de pasajeros. Pueden ser escolares, militares, trabajadores o grupos homogéneos parecidos.
- Transporte urbano: aquel que se lleva a cabo en poblado.
- Transporte interurbano: aquel que conecta dos o más municipios y para acceder al centro educativo es necesario el tránsito por vías interurbanas.

Según la modalidad del contrato:

- Servicios exclusivos: aquellos que están destinados a transporte escolar íntegramente.
- Servicios concesionarios: aquellos vehículos contratados con empresas concesionarias de líneas regulares con reserva exclusiva de plazas para menores.

Por último, para que el transporte privado sea considerado complementario, los vehículos empleados deberán ser propiedad de la empresa, al menos, en régimen de arrendamiento o sus modalidades (leasing, renting, etc.).

Glosario

Servicios concesionarios

Aquellos vehículos contratados con empresas concesionarias de líneas regulares con reserva exclusiva de plazas para menores.

Servicios exclusivos

Aquellos que están destinados a transporte escolar íntegramente.

Transporte complementario

Cuando una compañía no destinada al sector transportes, desarrolla una actividad de traslado de personas en función de las necesidades derivadas del desempeño de su actividad.

Transporte de menores

Son aquellos en la que los pasajeros son menores y se desplazan con motivo de una excursión, evento deportivo.

Transporte discrecional

Aquel que se desarrolla sin sujeción a itinerario, calendario ni horario preestablecido.

Transporte escolar

Aquel servicio regular de uso especial cuando al menos una tercera parte de los pasajeros tuviese una edad inferior a 16 años al inicio del curso.

Transporte escolar interurbano

Aquel que conecta dos o más municipios y para acceder al centro educativo es necesario el tránsito por vías interurbanas.

Transporte escolar urbano

Aquel que se lleva a cabo en poblado.

Transporte privado

Aquel en la que los menores estudiantes son trasladados al colegio en vehículos particulares del centro.

Transporte público regular de uso especial

Aquellos servicios dirigidos al traslado exclusivo de un grupo específico de pasajeros. Pueden ser escolares, militares, trabajadores o grupos homogéneos parecidos.

Transporte público

Aquel que se realiza mediante una remuneración prestablecida a una empresa por cuenta ajena.

Transporte regular de uso general

Es aquel que va dirigido a satisfacer una demanda general, siendo utilizable por cualquier interesado.

Ejercicios de autoevaluación

1. **Al transporte de futbolistas alevines un domingo a un partido de fútbol, se le denomina:**

   a. Transporte escolar.

   b. Transporte regular.

   c. Transporte de menores.

   d. Transporte escolar discrecional.

2. **A aquellos servicios dirigidos al traslado exclusivo de un grupo específico de pasajeros, se le denomina:**

   a. Transporte público regular, de uso general.

   b. Transporte público regular, de uso específico.

   c. Transporte discrecional.

   d. Ninguna de las anteriores es correcta.

3. **El transporte de militares del cuartel al campo de maniobras se considera:**

   a. Transporte público regular, de uso general.

   b. Transporte público regular, de uso específico.

   c. Transporte discrecional.

   d. Ninguna de las anteriores es correcta.

4. **¿Según qué artículo de la Ley de Organización de Transportes Terrestres (LOTT), los transportes regulares de viajeros de uso especial deberán contar con una autorización expedida por la Administración Competente para poder prestar servicio?**

    a. Art. 89.
    b. Art. 90.
    c. Art. 92 y 93.
    d. No se menciona en el texto.

5. **Las autorizaciones y licencias deberán registrar explícitamente:**

    a. La duración y extinción del contrato.
    b. Condiciones de otorgamiento.
    c. Cláusulas específicas de explotación.
    d. Todas las anteriores son correctas.

6. **En el transporte de pasajeros, los trayectos discrecionales pueden ser:**

    a. De carácter general y específico.
    b. De carácter privado o público.
    c. De carácter general o especial.
    d. Ninguna de las anteriores es correcta.

7. **Aquellos servicios dirigidos al traslado exclusivo de un grupo específico de pasajeros como transporte de escolares, militares, trabajadores o grupos homogéneos parecidos, se denomina:**

    a. Transporte público regular de uso complementario.
    b. Transporte público regular de uso especial.
    c. Transporte público regular de uso general.
    d. Transporte público regular de uso discrecional.

8. **El servicio de carácter ordinario como la contratación de un autobús para hacer una excursión con menores, se considera:**

   a. De carácter extraordinario.

   b. De carácter esencial.

   c. De carácter específico.

   d. De carácter general.

9. **Los autobuses turísticos que recorren las principales capitales, se consideran:**

   a. Discrecionales generales.

   b. Discrecionales especiales.

   c. Discrecionales específicos.

   d. Regulares específicos.

10. **El transporte escolar traslada a alumnos y estudiantes desde su domicilio a una institución educativa, siempre que éstos sean menores de:**

   a. 15 años.

   b. 16 años.

   c. 17 años.

   d. 18 años.

U. A. 2. Identificación de los elementos que conforman la seguridad respecto al transporte escolar

Introducción

Todos los autobuses deben contar con unos requisitos mínimos de seguridad. La primera medida en materia de seguridad es mantener en vigor la **Inspección Técnica de Vehículos (ITV).**

Los vehículos destinados al transporte de menores y/o escolares, deben cumplir, además, otros requisitos de seguridad: deben tener una antigüedad máxima, deben disponer de placas distintivas de transporte de menores y una licencia que autorice a la realización de dicho servicio.

Por otro lado, los conductores deben cumplir otros requisitos: deben estar exentos de antecedentes penales relacionados con abusos sexuales a menores mediante una acreditación del Ministerio de Justicia.

Según el art. 1 del Real Decreto 443/2001, de 27 de abril, sobre condiciones de seguridad en el transporte escolar y de menores, las condiciones de seguridad se aplicarán a:

- Transportes públicos regulares de uso especial cuando al menos un tercio del pasaje cuente con menos de 16 años al comienzo del curso escolar.

- Transportes públicos regulares de uso general en los que la mitad o más de los viajeros tengan dieciséis años o menos.

- A los trayectos públicos discrecionales, cuando las ¾ partes del pasaje sean menores de 16 años.

- A los transportes privados complementarios, cuando 1/3 del pasaje cuente con menos de 16 años.

Resumen

Se considera TE cuando la proporción de viajeros de menos de 16 años sea:

- Al menos 1/3 en transportes públicos regulares.
- Al menos la mitad en transportes públicos regulares de uso general.
- Al menos ¾ partes en transportes públicos discrecionales.
- Al menos 1/3 en transportes privados complementarios.

- A los transportes privados complementarios de viajeros por carretera, cuando la tercera parte, o más, de los viajeros sean menores de dieciséis años.

Objetivos

- Determinar las características técnicas básicas que deben cumplir los vehículos destinados a TE.
- Identificar los requisitos que deben cumplir los conductores asignados a TE.
- Reconocer las señales que indican TE.
- Reconocer los distintivos y señales del transporte de estudiantes.
- Conocer los requisitos que deben cumplir los conductores de TE y las limitaciones.
- Identificar las características más relevantes de las paradas. Determinar la duración máxima de los itinerarios.
- Conocer los distintos tipos de seguros obligatorios en TE.
- Determinar las funciones del acompañante.
- Reconocer las velocidades máximas de TE.
- Describir las infracciones en transporte escolar, clasificándolas en graves, leves y muy graves.

1. Identificación de la antigüedad de los vehículos

Un vehículo destinado al transporte de menores debe disponer de una licencia administrativa o concesión habilitante. Es una de las infracciones que más se cometen en carretera por parte de las empresas destinadas al sector transporte.

Los autobuses que cubran servicios escolares no pueden tener **más de diez años**.

Fig. 1. Los autobuses destinados al transporte de menores y de estudiantes no podrán tener más de 10 años

Tan solo se admiten vehículos con más de 10 años si:

- El vehículo esté destinado a transporte escolar y que se acredite que ha prestado servicio a menores con anterioridad.

- Que presente el certificado de desguace de otro autobús que en el mismo curso escolar estuviese prestando servicio con la correspondiente autorización.

 **Importante**

En ningún caso podrá superar los 16 años desde su primera matriculación.

Ejemplo

La empresa concesionaria "Sáenz" es una Pyme familiar con una flota de 3 autobuses, que traslada a escolares desde Benajarafe al Rincón de la Victoria (Málaga). El autobús ha cumplido este curso los diez años, y la concesión es por cinco años.

En este caso, la ley permite seguir circulando a este vehículo por cuestiones de competencia y rentabilidad (el propietario de la empresa probablemente desista de la ruta si tiene que adquirir un autobús nuevo exclusivamente para esta ruta).

Sobre las excepciones de aplicación de la normativa, en las Comunidades Autónomas de las Illes Balears y de Canarias y en las ciudades autónomas de Ceuta y Melilla la antigüedad de los autobuses se rige de forma distinta.

Se admiten vehículos destinados a transporte escolar bajo las siguientes condiciones:

- Que tengan menos de 10 años de antigüedad desde su primera matriculación, a fecha 1 de septiembre del año en curso.
- Que tenga más de 10 años y en ningún caso menos de 18, siempre que se acredite que el vehículo ha estado destinado a transporte escolar antes de los 10 años de antigüedad y que haya superado la prueba ITV y tenga la tarjeta en vigor.

Anotación

A efectos de recuento de años, se considera el 1 de septiembre como fecha de comienzo del año escolar.

2. Conocimiento de los requisitos de construcción y de equipamiento

Desde 2007 la directiva UE dicta que todos los autobuses de nueva matriculación deben disponer de cinturones de seguridad en todas las plazas del pasaje.

Se permite que los autobuses de transporte escolar circulen sin cinturón en los asientos de los viajeros siempre que estén matriculados antes de septiembre de 2007.

Fig. 2. Todos los autobuses matriculados después de 2007 deben disponer de cinturón de seguridad

El cinturón de seguridad es obligatorio para los pasajeros. Un menor sin cinturón presenta cinco veces más probabilidades de sufrir lesiones mortales en caso de accidente.

Recuerda

Nueve de cada diez lesiones graves en escolares desembocan en fallecimiento. Todas estas lesiones se podrían evitar si se hubiese empleado el cinturón.

Además, si viajan niños de entre 5 u 11 años, será obligatorio que el autobús disponga de cinturones de triple anclaje. Además, el autobús deberá proporcionar otros dispositivos de seguridad como silla hermética o alza homologable (si el pasajero es grande, basta con un cojín alzador).

Un **cinturón está bien** puesto si:

- Se apoya en las partes duras del cuerpo: la banda diagonal pasa por la clavícula, el esternón y la pelvis. Nunca sobre las partes blandas como el cuello.
- No debe estar enrollado ni se enganchará con otras piezas del asiento.
- Debe estar ceñido al cuerpo. No se permiten pinzas de sujeción ni sistema antibloqueo. Aparte de que se consideran infracción (multa de 200 euros y la detracción de 4 puntos de carné), comprometen mucho la seguridad del pasajero. Es como si no se llevase puesto el cinturón.
- Debe ajustarse al asiento en ángulo de 90º. En caso de estar demasiado reclinado, el niño se puede deslizar por debajo de la banda en lo que se considera "efecto submarino".
- En caso de accidente, los cinturones se deben reemplazar porque la tensión tras el golpe no es la misma. Puede haber fisuras en el anclaje.

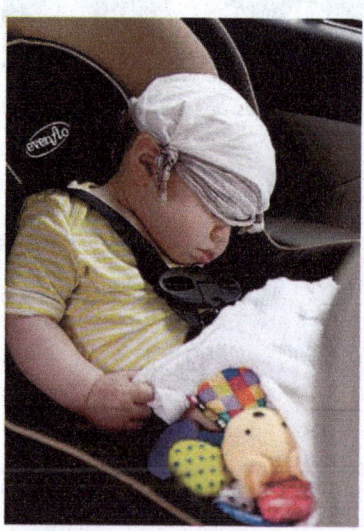

Fig. 3. Los niños menores de entre 5 y 11 años deberán disponer de cinturón tipo arnés de anclaje de tres puntos

Anotación

Si la conductora o la acompañante estuviesen embarazadas, se abrocharán el cinturón pasando la banda por debajo del abdomen, por la parte ósea de las caderas (nunca por encima). La diagonal se dispondrá entre los pechos y sobre el hombro.

Por otro lado, el suelo del autobús no debe ser resbaladizo. Deberá disponer de material antideslizante. Los filos de los escalones deberán ser fluorescentes y tendrán bandas de goma que permitan la adherencia.

Fig. 4. Los suelos serán antideslizantes cubiertos con goma con ranuras para procurar adherencia aun en días de lluvia con el piso mojado

Además, las puertas y escaleras tendrán barandilla donde apoyarse para subir y bajar del vehículo.

Otros requisitos y características de los vehículos destinados al transporte de pasajeros son:

- Las subidas y bajadas al autobús deberán hacerse siempre por la puerta más próxima al conductor o al monitor. El acceso y la salida del vehículo ha de estar siempre supervisada por un adulto.

- Las empresas concesionarias portadoras de la autorización deben diseñar itinerarios que no excedan el tiempo máximo permitido. Asimismo, deberán acreditar la presencia del monitor acompañante.

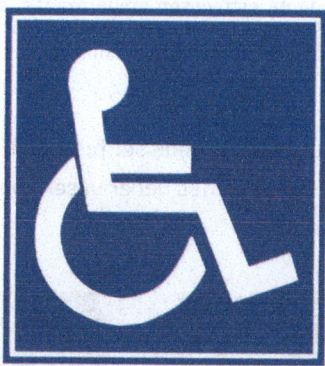

Fig. 5. El autobús de transporte escolar debe contar con plazas reservadas a personas con discapacidad

- Los asientos frente a la escalera contarán con un dispositivo fijo de protección (aquellos que no tengan el respaldo del asiento de atrás).

- Las puertas no podrán tener holguras ni resquicios por donde poder introducir la mano ni ningún objeto. Todos los recovecos estarán protegidos por carcasas para que ningún pasajero pueda quedar atrapado con las puertas. El mecanismo de apertura y cierre debe ser limpio, sin peligro de enganches. El conductor deberá poder accionar la apertura automática de las puertas desde el pupitre de conducción. En caso de accidente, las puertas se podrán abrir manualmente desde el interior y desde el exterior.

Por otra parte, los vehículos deberán estar homologados según el Real Decreto 2140/1985, de 9 de octubre, siguiendo la Directiva 70/156/CEE, de 6 de febrero. Tales directrices son:

- El asiento del conductor dispondrá de una mampara transparente.
- Las puertas podrán ser operadas por el conductor desde su posición.
- Los dispositivos de apertura de emergencia deberán estar protegidos para evitar un mal uso de los mismos, fruto de una gamberrada o acto vandálico.

- Las ventanas no se podrán abrir más de un tercio de las mismas. En la práctica, todos los nuevos vehículos disponen de aire acondicionado, con lo que las ventanas son fijas.
- Estarán dotados de una sirena luminosa según el Real Decreto 2822/1998, de 23 de diciembre, que deberá ponerse en funcionamiento mientras los pasajeros accedan o salgan del autobús.
- Dispondrán de martillo rompe lunas, debidamente protegidos para evitar su sustracción o uso indebido.
- No se podrán emplear autobuses de doble altura.
- Cada menor ocupará una sola plaza. Antiguamente tres menores de 5 años podían ocupar dos plazas.
- Los autobuses deberán disponer de tacógrafos (digitales o analógicos) así como hojas de registro y bobinas de papel para que dichos dispositivos funcionen con normalidad (Real Decreto 2242/1996, de 18 de octubre, en aplicación de los Reglamentos (CEE) números 3820/85 y 3821/85).

Recuerda

La manipulación del tacógrafo se considera falta muy grave. En este se registran los datos del conductor y las paradas y descansos que ha efectuado por jornada.

- Dispondrán de sistema antibloqueo de frenado, Anti-lock Braking System (ABS).
- Si la visibilidad de los espejos no fuese suficiente, se deberá colocar monitores ópticos que permitan el control interior, trasero, delantero y lateral del autobús desde su pupitre de conducción.
- Los cristales deberán fragmentarse de forma que absorban el impacto de la cabeza y la resistencia a la abrasión, según el RD 2028/1986. Las ventanas de emergencia que no sean de trampilla podrán romperse fácilmente con el martillo rompe lunas.
- El depósito de combustible estará a más de 60 cm de la parte delantera del vehículo. Cumplirán el reglamento CEPE/ONU 107 sobre pruebas de presión.
- Dispondrán de extintores homologados según la Orden de 27 de julio de 1999, de un botiquín de primeros auxilios y mando central de restricción de incendio

después de la parada. Los materiales del interior del autobús habrán sido sometidos a pruebas sobre prevención de incendios.

- Las baterías contarán de un anclaje sólido y estarán ubicadas en un lugar fácilmente accesible.
- Habrá un dispositivo acústico que avise al conductor cuando las puertas de emergencia no estén debidamente cerradas.
- Las salidas de socorro estarán debidamente señaladas con la frase "SALIDA DE EMERGENCIA" con alguna suerte de rotulación fluorescente.
- Las plazas contiguas al conductor no podrán ser ocupadas por menores.

Además, los autobuses que se matriculen a partir del 1 de enero de 2002 además contarán con los siguientes requisitos:

- Los autobuses con PMA superior a 12 T, deberán contar con un dispositivo de estabilización de velocidad en pendientes sin usar ni el freno motor ni el de servicio.
- La marcha atrás emitirá una señal acústica que advierta a los transeúntes de la vía de esta maniobra.

3. Identificación de los distintivos de transporte de menores

Los servicios de transporte escolar o de menores, deberán estar debidamente identificados con la señal **V-10.**

Deberán disponer de dos señales identificativas, una en la parte delantera, junto al parabrisas, y otra en la parte anterior del autobús.

La señal deberá ser **perfectamente visible** desde el exterior (siempre visible durante el recorrido).

Además, existen dispositivos tipo cortina enrollable que permiten esconder la señal cuando el servicio no esté destinado a TE o de menores.

Por otro lado, existen dispositivos luminosos que iluminan la silueta de los dos niños. En ese caso, la luz deberá encenderse únicamente en las paradas y apagarse durante la expedición (20 segundos como máximo de encendido).

Fig. 6. Señal V-10 de transporte escolar

La homologación viene dada por la PRE/43/2007, de 16 de enero e indica que la señal puede ser:

- Una placa metálica de dimensiones 20 x 20 centímetros.
- Una gran placa de 51 x 65 cm, que incorpore el texto "Transporte Escolar".
- Una cortinilla enrollable de 58 x 69 cm.

 Anotación

Las planchas de aluminio serán de un grosor de 1,4 mm (con un margen de 0,1 mm arriba o abajo).

Respecto a los colores, el fondo será amarillo nivel 2, y blanco nivel 2. La silueta de los escolares será negro mate.

Deberán estar bien sujetos, que no comprometan la seguridad de los pasajeros y se podrán retirar (o enrollar) con facilidad en caso de que el autobús no preste servicio de transporte a escolares o niños.

Los **números de placas obligatorias según las medidas** son:

Si el autobús tiene **menos de 19 plazas**:

- Dos placas delanteras (opcional) y trasera (obligatoria) de 20 x 20 cm.

Si el autobús cuenta con **20 plazas o más y hasta 10 metros** de envergadura:

- Dos placas obligatorias de 20 x 20 cm delante y detrás.
- Podrán llevar planchas de mayores dimensiones siempre que no interrumpa la visibilidad (optativo).

Vehículos con **más de 10 metros** de longitud:

- Placas anterior y posterior de gran tamaño.

4. Inspección técnica de los vehículos

Según se desprende del artículo 6 del Real Decreto 443/2001, de 27 de abril, sobre condiciones de seguridad en el transporte escolar y de menores, será requisito imprescindible que los vehículos destinados a TE dispongan de la tarjeta de ITV en vigor, habiendo superado satisfactoriamente la revisión.

Solo se podrá otorgar la autorización de transporte TE ante una inspección favorable.

Si los autobuses cuentan con menos de 5 años, deben pasar la ITV cada año. Si cuentan con más antigüedad, deberán pasar la ITV cada seis meses.

Fig. 7. Los autobuses con menos de cinco años deben pasar la ITV anualmente. En caso contrario, semestralmente

Se considera ITV desfavorable cuando existen un número considerable de fallos leves. En tal caso la empresa se obliga a reparar las imperfecciones a la mayor brevedad.

Se considera ITV negativa cuando existen fallos graves o muy graves que comprometen la seguridad de la circulación.

 Anotación

Circular con la ITV desfavorable o caducada es una infracción penada con una multa de 200 euros. El propietario del vehículo dispone de un plazo máximo de dos meses, para subsanar y reparar los defectos.

Circular con la ITV negativa es una infracción muy grave, que se muta con 500 euros. En ese caso, el autobús no puede abandonar la ITV con los propios medios sino a través de otros vehículos grúa.

5. Comprensión acerca de los conductores y acompañantes

Los profesionales de la conducción de vehículos destinados a TE, deben cumplir con el artículo 32 del Reglamento General de Conductores, aprobado por Real Decreto 772/1997, de 30 de mayo, que indica los siguientes requisitos:

- Si el autobús cuenta con más de 17 plazas: **Permiso de conducir D.**
- Certificado de ausencia de Antecedentes por **Delitos Sexuales**, expedido por el Ministerio de Justicia.
- **Certificación CAP**: aquellos conductores que haya obtenido su carné D1 o D con posterioridad a 11 de septiembre de 2008, deben realizar un curso de formación inicial de Certificación de Aptitud Profesional (CAP) de transporte de viajeros. Esta capacitación deberá ser renovada cada 5 años.

Fig. 8. El permiso de conducir es el principal documento que acredita si el conductor cumple o no los requisitos para el transporte

La seguridad al volante de un vehículo de transporte de viajeros escolares por carretera consiste en:

- Mantener toda la documentación en regla, comprobando que se portan todos los documentos necesarios para circular legalmente.

- Revisar el buen funcionamiento de los dispositivos básicos: dirección, frenos, intermitentes warning y neumáticos. Además, se deberá comprobar que se porta el chaleco, los triángulos, la sirena de emergencia, el botiquín y el extintor.
- Efectuar los descansos reglamentarios definidos por la LOTT. Es fundamental mantener la concentración y aprovechar los descansos para pasear y estirar las piernas.

- Ajustar la velocidad a los límites permitidos y reducir esta según el contexto, por ejemplo, proximidad de un hospital, conducción nocturna, con niebla o con lluvia, etc.

- También se deberán ajustar las luces a las condiciones climáticas, por ejemplo, la niebla o la nieve pueden impedir ver bien a los viajeros en las marquesinas. Hay que usar las luces antiniebla adecuadamente ya que pueden provocar deslumbramiento al resto de usuarios de la vía. Las luces delanteras pueden deslumbrar al conductor de delante a través del espejo retrovisor, y las de detrás, pueden deslumbrar al conductor de detrás.

Anotación

Con lluvia, el conductor deberá elegir si las acciona o no, ya que las luces antiniebla pueden deslumbrar al conductor con las gotas residuales del parabrisas.

- Tener en cuenta los puntos ciegos. Los autobuses presentan muchos puntos ciegos debido a su gran volumen. Aunque hay monitores y dispositivos tecnológicos que reducen estos peligros, el conductor deberá extremar la vigilancia en maniobras que involucren la marcha atrás.

Importante

Es fundamental advertir siempre a los demás conductores de cada maniobra.

- Mantener siempre la distancia de seguridad. El conductor profesional sabe que el autobús tarda más en frenar que un vehículo utilitario turismo, por lo que esta distancia será siempre mayor.

- Usar siempre el cinturón de seguridad.

En todo servicio de transporte escolar y de menores, será obligatorio la presencia a bordo de al menos una persona mayor de edad distinta del conductor que haga las veces de monitor acompañante. Dicho profesional debe:

- Estar debidamente capacitado para el cargo con la correspondiente certificación.
- Colaborar con el conductor en pro del servicio.
- Conocer los mecanismos de emergencia: apertura y cierre manual de las puertas en caso de accidente, ubicación de los martillos rompe lunas y funcionamiento de la ventanilla de socorro (en caso de vuelco del autobús).
- Conocer todos los dispositivos de emergencia, obligatorios en todo autobús de pasajeros: ubicación de los triángulos, de las sirenas de emergencia, de los chalecos reflectantes y de los extintores.
- Disponer del listado de alumnos/as del centro y pasar lista a diario para registrar las ausencias. En caso de ausencia se debe avisar al centro y a la familia para comprobar que la falta es justificada. También se deberá reconocer a alumnado intruso que no esté en el listado.
- Acompañar a los pasajeros menores en todo momento. Prestará especial atención en el acceso al vehículo y en la bajada. Todos los menores se subirán o bajarán al autobús desde la acera, salvo que la parada no disponga de ésta.
- Velará por el cumplimiento de las normas durante el trayecto.
- Comprobará que todos los menores llevan puesto el cinturón de seguridad.

El monitor deberá estar presente en el traslado de alumnos a centros de educación especial.

Siempre habrá un monitor en caso de que sean transportes escolares o en viajes privados complementarios de menores (al menos la tercera parte sean menores de 16 años).

Anotación

La labor del acompañante es fundamental en los desplazamientos por carretera de pasajeros menores.

Ante la falta de tiempo y los horarios incompatibles de la familia, cada vez es más frecuente que los menores acudan al centro escolar en transporte público. Por eso la figura del acompañante se hace cada vez más necesaria.

Respecto a sus funciones y obligaciones, cabe señalar las siguientes:

- Planificar la ruta e identificar las paradas. El acompañante debe anticiparse a las dificultades, identificando paradas con difícil visibilidad, buscando la señalización oportuna para que el acceso y la bajada de estudiantes se haga con las máximas garantías.

- Proponer organización conjunta de varias rutas que presten servicios en la misma localidad, por ejemplo, dos institutos de una misma localidad pueden compartir un mismo servicio.

- Diseñar una hoja de ruta para cada día: origen, destino, itinerario, número de paradas, incidencias, número de alumnos asistentes, alumnos ausentes, etc. Esta información será custodiada por el centro educativo al menos durante un año.

- Velar por el cuidado de los menores durante el trayecto. Especialmente se extremará la vigilancia en los momentos más sensibles de la expedición como la subida y la bajada de los pasajeros.
- Comprobar que siempre se bajan y suben los estudiantes por el lado más próximo a la acera. En caso de no ser posible, facilitará mediante señalización el cruce de la carretera con unas mínimas garantías de seguridad.

- Hacer cumplir los deberes y derechos de los menores durante la expedición.

- Informar al centro y a la familia de las incidencias surgidas durante el trayecto.

- Atender a los menores en caso de incidente.

- Asistir a los alumnos en caso de accidente.

- Pasar lista e informar al centro educativo de las ausencias.

- Controlar que todos los pasajeros son miembros de la comunidad educativa.

6. Planificación de paradas e itinerarios

En el transporte público regular de menores, las paradas se especifican en las condiciones del contrato. En la autorización se registran de antemano el número de paradas y las condiciones de las mismas.

En condiciones normales, se accederá al primer escalón del vehículo desde la acera. Si no fuese posible (carreteras sin arcén ni acera), se hará de forma que se acceda al vehículo con unas mínimas garantías de seguridad.

El **itinerario** también estará registrado en la **concesión o autorización**. La autoridad competente se guarda el derecho de modificar dichas paradas (aumentar o disminuir las mismas), siempre que:

- No sean contrarias a la normativa de tráfico. Por ejemplo: no se podrá parar en las inmediaciones de un cambio de rasante.
- No comprometan la seguridad de los pasajeros ni la del resto de las vías. Por ejemplo: no se pondrá una parada en las inmediaciones de una curva.
- No supongan merma de la rentabilidad de la empresa. Por ejemplo: se aumentan o disminuyen el número de paradas, pero el itinerario se mantiene.

Por otro lado, el itinerario no podrá superar **una hora** de viaje. El trayecto entre el centro escolar y el domicilio deberá ser menos de 60 minutos en cada sentido del viaje.

Se considerarán trayectos más largos en casos excepcionales y debidamente justificados. Por ejemplo: el viaje de fin de curso a Salou (Tarragona) de los alumnos de 6º de primaria del colegio C.E.I.P "Almudena Torres" de Getafe (Madrid).

Ejemplo

Las excursiones escolares podrán ser de más de una hora si están aprobadas por el Consejo Escolar de cada centro educativo.

7. Gestión de seguros

En el transporte escolar, se distinguen dos tipos de seguro:

- El obligatorio de circulación, o de Responsabilidad Civil.
- El seguro obligatorio de viajeros o complementario (o específico).

Legislación

Las especificaciones relativas a los seguros se encuentran en el art. 12 del Real Decreto 443/2001, de 27 de abril, sobre condiciones de seguridad en el transporte escolar y de menores.

Respecto al seguro de Responsabilidad Civil Obligatoria, las coberturas son análogas para un turismo y estas son:

- **Responsabilidad Civil de explotación.** Incluye daños materiales y a terceras personas. Cubren el incendio, la explosión y la inundación de los vehículos. Dependiendo de las pólizas, es normal contratar seguros de robo y rotura de lunas.
- **Responsabilidad Patronal.** Se trata de daños personales a los empleados conductores y al monitor acompañante.
- **Responsabilidad del Servicio.** El seguro cubre daños a terceros como consecuencia de la circulación del autobús. Por ejemplo: el roce de una carrocería por alcance.

El seguro obligatorio de vehículos tiene unos límites máximos de aseguramiento, a saber:

- 70 millones de euros por accidente sobre daños a personas.
- 15 millones de euros por accidente sobre daños materiales.

Aparte del Seguro de Responsabilidad Civil que todo vehículo debe disponer obligatoriamente para poder circular por las carreteras y vías nacionales, el transporte escolar debe contar, además, de un seguro específico según la normativa vigente. Dicha póliza complementaria deberá cubrir la responsabilidad civil por daños sufridos a los pasajeros, sin limitación de cuantía, en caso de accidente de circulación de vehículos empleados en el traslado de menores.

El transportista se obliga a contratar y suscribir un seguro complementario tal.

Fig. 9. Los seguros de responsabilidad civil cubren los daños materiales y personales

 Anotación

El transportista se obliga a contratar y suscribir un seguro complementario tal.

Las compañías aseguradoras, por su parte.

- Exigirán a las empresas transportistas que tengan la ITV en vigor.
- Velarán por la presencia del acompañante escolar.
- Comprobarán que las rutas no exceden de la hora de duración.
- Se asegurarán de que los tiempos de descanso se cumplen rigurosamente.

 **Importante**

Circular sin **seguro obligatorio** o sin el **seguro complementario** constituye un delito tipificado en el Código Penal.

Conducir bajo los efectos del alcohol deja sin cobertura al asegurado ante un accidente, aunque la culpa del siniestro lo haya tenido la otra parte.

- Requerirán a la empresa transportista que presente, a la firma del contrato, los siguientes documentos:
  o La autorización de transporte discrecional de viajeros.

o La concesión de transporte regular.

o La póliza de Responsabilidad Civil ilimitada reglamentaria.

El **seguro de transporte escolar**, cubre aún más: la responsabilidad ilimitada de los daños. Esto quiere decir que no importa cómo se ha originado el accidente, ni el número de menores involucrados, ni la forma de colisión o siniestro: el seguro se responsabiliza de todos los costes e indemnizaciones derivadas de este lamentable suceso.

Recuerda

En el caso de un accidente de transporte escolar, los pasajeros menores están doblemente protegidos: una vez por el seguro de responsabilidad civil y otra por el específico (ambos tienen carácter obligatorio).

8. Conocimiento del límite de velocidad permitido

La velocidad máxima genérica para autobuses en TE, se reducirá en 10 km/h respecto de los demás vehículos. No hay restricciones respecto de la velocidad mínima (será la misma que en el resto de los vehículos), teniendo en cuenta que el autobús no entorpecerá la normal circulación del resto de usuarios.

Cuadro de Velocidades máximas:

Tipo de vía	Velocidad máxima (Km. /h)
En autopistas y autovías	100/50
En carreteras convencionales • Señalizadas como vías para automóviles • Con más de un carril para algún sentido. • Con arcén pavimentado de más de 1,5 m	80/40
Resto de vías fuera de poblado	70/35
Vías urbanas y travesías	40/15
En autopistas y autovías	100/50

9. Conocimiento de las obligaciones de la entidad organizadora del transporte

Las entidades que contraten los servicios de transporte de menores deberán solicitar a la empresa transportista:

- Acreditación del conductor y del acompañante.
- Alta en el régimen de la Seguridad Social en el grupo de cotización correspondiente.
- Que no se excedan los tiempos máximos de conducción ininterrumpida.
- La licencia de autorización de transporte discrecional.
- La tarjeta de ITV en vigor.
- El seguro obligatorio y el específico.

 Anotación

Es obligación de los centros solicitar a las empresas transportistas la documentación obligatoria relativa a las autorizaciones, la ITV, los seguros, la acreditación del conductor, la certificación del acompañante y las cotizaciones en los distintos grupos de cotización.

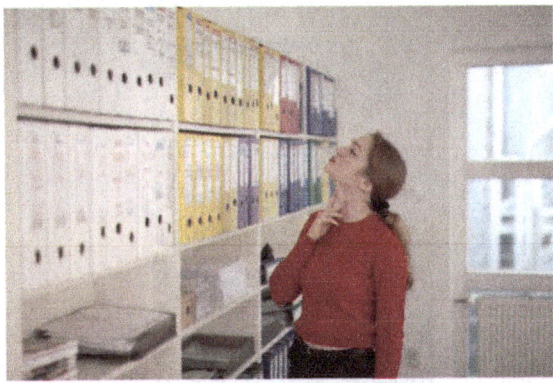

Fig. 10. El centro educativo debe cerciorarse de que todos los documentos están en regla y en vigor

Es necesario recordar que mantener la documentación en vigor es una medida más de seguridad, por los siguientes motivos:

- La ITV al corriente es una garantía de seguridad porque certifica que los dispositivos funcionan correctamente.
- Toda la documentación en regla asegura una competencia justa y leal entre las empresas del sector.
- La contratación de las pólizas de seguros asegura que los daños estarán cubiertos en caso de colisión, incidente, accidente o siniestro.
- La certificación del conductor asegura la profesionalidad del servicio y que se sabe actuar ante imprevistos.

10. Identificación de las infracciones y sanciones en el transporte escolar

Existen diferentes tipos de infracciones asociadas al transporte de menores o servicio escolar de transportes y sus correspondientes sanciones.

Por lo general las omisiones o las acciones contrarias a la Ley serán sancionadas conforme a su gravedad, siendo algunas constitutivas de delito.

Fig. 11. Escuchar música durante la conducción es motivo de sanción, por no prestar máxima concentración en la carretera

No está permitido el uso de teléfonos móviles sin manos libres, y exclusivamente para recepción de instrucciones. No se podrán efectuar llamadas personales durante la conducción

Recuerda

El desconocimiento de la norma no exime de su cumplimiento. Los conductores infractores serán sancionados, aunque desconozcan las normas.

El transporte escolar es uno de los más seguros de todos los que se llevan a cabo en España. Además, el autobús es el transporte de viajeros más seguro por carretera según las estadísticas de la DGT.

Por ser un colectivo muy vulnerable (menores) y que crean una gran repercusión social y mediática en caso de accidente, todas las infracciones están debidamente tipificadas en la LOTT.

Esta normativa clasifica las infracciones en:

- **Muy graves**: tienen pena de multa de 500 euros o más. son constitutivos de la pérdida parcial o total de puntos y pueden desembocar (dependiendo de la gravedad y de la reincidencia) en consideración de delito.
- **Graves**: se sancionan con multas de hasta 200 euros. suponen una penalización de puntos de carné.
- **Leves**: son sancionadas con multa de hasta 100 euros. generalmente no suponen detracción de puntos.

Fig. 12. Conducir bajo los efectos del alcohol por encima de la tasa permitida, se considera infracción muy grave

El artículo 142 de la LOTT expone las siguientes infracciones como leves.

- La realización de transportes públicos o privados sin autorización o licencia
- El exceso superior al 5 e inferior al 15 por ciento sobre la MMT (Masa Máxima Total).
- El uso de hojas de registro de los tiempos de conducción descanso manchadas o estropeadas o que el tacógrafo digital se quede sin bobina de papel.
- La ausencia del rótulo de transporte escolar.
- La ausencia de la documentación formal para la realización de transportes públicos o privados; depende de la clase de transporte, podrá considerarse hasta muy grave. Además, también depende de la intencionalidad (si es por descuido o si es un camuflaje a propósito).
- El trato desconsiderado a los pasajeros, bien verbalmente o por omisión.
- La no exigencia de la entidad contratante de los documentos justificantes para llevar a cabo
- El exceso en los tiempos máximos de conducción hasta un 20%.
- La falta de mantenimiento que no comprometa la seguridad de los pasajeros o usuarios de la vía o la suciedad en las lunas también es constitutivo de infracción leve. Si el parabrisas está lo suficientemente sucio como para impedir la visibilidad, podría ser considerado grave e incluso inmovilizar el vehículo, si el

agente o inspector considera comprometida la seguridad del pasaje o de los demás usuarios de la vía.

Fig. 13. El desgaste de los neumáticos puede ser considerado infracción leve si el deterioro no compromete la seguridad de los viajeros ni la de los demás usuarios de la vía

Se reputarán infracciones como graves:

- No devolver a la Autoridad Competente una autorización o licencia de transporte cuando haya sido revocada.
- El exceso de MMT igual entre un 15 y un 25 % sobre la masa máxima autorizada por el fabricante.

Fig. 14. Un autobús sobrecargado o con más pasajeros de los permitidos constituye una infracción grave

- No efectuar la revisión periódica de algún instrumento o dispositivo de control (por ejemplo, tacógrafo).
- Obstruir el trabajo de la Inspección: por ejemplo, no parar ante un control, esconder datos relativos al tacógrafo o circular con el tacógrafo averiado a sabiendas de su inacción.
- La utilización de títulos habilitantes en otras condiciones a las indicadas. Por ejemplo: hacer paradas donde no corresponde.
- Prestar servicios de TE sin el título habilitante. Que el conductor procedente de terceros países no disponga de la documentación en regla (por ejemplo, carné no homologado por la UE).
- Uso de hojas de registro o discos de tacógrafos no homologados o incompatibles con el dispositivo.

Fig. 15. Si el tacógrafo tiene hojas no homologadas, tachaduras, enmiendas o es ilegible, la infracción es grave

- El no registro de datos en una hoja de tacógrafo (analógico). Por ejemplo: que no se ponga el nombre y apellidos, el destino o se ponga el nombre de otro conductor.
- La ausencia de datos estadísticos obligatorios (a la Agencia Tributaria, a la Seguridad Social, etc.).
- La ausencia de plazas destinadas a personas discapacitadas.
- No descansar superando el plazo máximo permitido entre un 20 y un 50%. Exceder sesenta horas de tiempo máximo semanal o cien cada dos semanas y el exceso superior a una hora en los tiempos máximos de conducción diaria.

A continuación, se muestra un resumen de las infracciones consideradas muy graves para la DGT. Son:

- **Velocidad**: no respetar los límites de velocidad reglamentariamente establecidos, circulando a una velocidad superior a lo estipulado.

Infracciones consideradas muy graves.

Velocidad	Limitación
Circular a más de 70 km./h	En un tramo limitado a 20 km./h.
Circular a más de 100 km./h	En vías limitada a 50.
Circular a más de 170 km./h	En carreteras con limitación de 90.
Circular a más de 190 km./h	En carretera limitada a 120km./h,
Circular a más de 70 km./h	En un tramo limitado a 20 km./h.

Fig. 16. La circulación con exceso de velocidad se controla con radares móviles o fijos como el que muestra la imagen

- **Carga**: circular con un autobús cuya carga se ha desprendido o está a punto de precipitar. Por ejemplo: un autobús dispuesto con baca y cargado de forma que la carga está a punto de caerse. O un autobús con remolque donde la carga no está debidamente cubierta con una lona (se ven las mercancías).

- **Alcohol:** en TE, una tasa de alcoholemia superior a 0,15 miligramos por litro de aire espirado y de 0,3 gramos por cada litro de sangre se considera infracción.

Tasa de alcohol	Infracción (puntos detraídos)
Más de 0,30 mg/l	6 puntos y 1000 euros. Se considera **DELITO**.
Desde 0,15 a 0,30 mg/l	4 puntos y 500 euros.
Si ha sido sancionado el año anterior por alcoholemia	1000 euros.
Si se niega a someterse a un control de alcoholemia.	6 puntos. Se considerará más grave aún en caso de que esté involucrado en un accidente.
La reincidencia	Delito y pena de cárcel.

- **Conducción temeraria:** saltarse un semáforo en rojo o circular en sentido contrario a la marcha.

- **Carreras:** competir en carreras no autorizadas en vías públicas.
    - **Detectores de radar:** disponer de inhibidores no homologados o detectores de radares no autorizados. Supone 6000 euros por la conducción y de 3000 a 20000 euros por su instalación.
    - **Descansos:** conducir ininterrumpidamente un 50% del tiempo más de lo establecido. Por ejemplo: la ley obliga a una parada de 45 minutos cada **4 horas y media** de conducción (se pueden hacer dos paradas de 15 y 30 minutos). Si el tacógrafo registra más de 6 horas y 45 minutos de conducción sin descanso, se considerará infracción muy grave.

Recuerda

Un itinerario en transporte escolar no puede rebasar la hora de duración. No obstante, en algunos casos justificados, si podrá superar ese tiempo. Por ejemplo, en un viaje de fin de curso.

- **Identificación del conductor: si** el propietario de un vehículo (o arrendatario) se negase a identificar verazmente al conductor, cometería una infracción considerada muy grave. La sanción es una multa del doble de la infracción original (si es leve) y del triple si la infracción madre se considera grave o muy grave.

- **Conducir sin carné:** es motivo de infracción muy grave y constitutivo de delito. Además, se considera la reincidencia y, sobre todo, si el carné ha sido retirado.

- **Circular sin licencia:** la conducción sin la autorización administrativa se considera infracción grave. Lo mismo ocurre si no se cumplen las condiciones de la concesión (por ejemplo, circulando en rutas no indicadas en el pliego de condiciones, o con un vehículo con más capacidad del estipulado) o bien la autorización no sea válida (por ejemplo, que esté caducada o presente tachaduras o enmiendas).

- **Circular con la ITV negativa.** Será considerado grave si se circula con ITV negativa. Es una condena superior a circular con la ITV caducada (con la negativa, el conductor está informado de que el vehículo no está en condiciones de circular).

- **Manipular el tacógrafo.** Se considera muy grave la instalación, participación o colaboración en la manipulación del tacógrafo y otros dispositivos de seguridad como el limitador de velocidad.

Anotación

Las cuantías de las multas se incrementarán en un **30 %** atendiendo a:

- **La gravedad:** no es lo mismo circular con la ITV desfavorable (grave) que negativa (muy grave).
- **La trascendencia**: no es lo mismo un exceso de velocidad en un control rutinario que cuando se ha provocado un accidente.
- **Los antecedentes del infractor:** cuando el infractor tiene antecedentes penales por haber conducido bajo los efectos de las drogas.
- **La reincidencia:** se considera reincidencia en el consumo de alcohol si el conductor ha sido sancionado durante el año anterior al que se está en curso.
- **El peligro potencial** (no es lo mismo tener la ITV con la consideración de negativa que circular a 190 km. /h, a pesar de que las dos son infracciones muy graves).
- **El criterio de proporcionalidad:** la ley no debe establecer más que las penas estricta y evidentemente necesarias. Por ejemplo: no se pueden imponer dos o más sanciones sobre los mismos hechos.

Resumen

Los vehículos destinados a TE no pueden superar los 10 años de antigüedad (salvo si este vehículo ha estado destinado a TE desde antes de que tuviese 10 años, que podrá estar hasta los 16). En Baleares y Canarias excepcionalmente se consideran 18 años como máximo, sin que afecte a que la ITV debe estar pasada correctamente y en vigor.

Los transportes de estudiantes deben indicarse con la señal V-10 (la silueta de dos niños cruzando una carretera sobre fondo amarillo). Deberá tener unas determinadas dimensiones y deberán disponerse uno o dos (delante y detrás) dependiendo del volumen del vehículo.

Además, la limitación de velocidad será siempre de 10 km/h menos que en travesía normal. Deberá disponer aparte del seguro obligatorio, otro más de seguro ilimitado (exclusivo para TE).

Las paradas de los escolares se harán sin comprometer a los pasajeros: estarán bien iluminadas y no se harán en cambios de rasante ni en curvas pronunciadas.

Por otro lado, el itinerario se registra en la autorización de la concesión; no deberá exceder nunca una hora de trayecto, y si se hace, se deberá justificar debidamente.

Respecto a las infracciones más graves atienden a la manipulación del tacógrafo. Otras infracciones leves consisten en no llevar documentación obligatoria a bordo.

Glosario

Expedición

Salida o viaje colectivo que se realiza con un fin determinado, especialmente científico, militar o deportivo.

Inspección Técnica de Vehículos (ITV)

Tipo de mantenimiento legal preventivo en que un vehículo es inspeccionado periódicamente por un ente certificador.

Itinerario

Ruta en la que se describen los lugares por los que se pasa.

Parada

Lugar en el que se detienen los vehículos de transporte público para recoger o dejar viajeros.

Tasa de alcoholemia

Se define como tal la proporción de alcohol que se encuentra en la sangre después de haber bebido. Se mide normalmente en gramos de alcohol por litro de sangre o bien miligramos de alcohol por litro de aire espirado.

Ejercicios de autoevaluación

1. **Los autobuses destinados al transporte de menores por lo general (y salvo excepciones) no podrán tener más de:**

   a. 10 años.
   b. 11 años.
   c. 12 años.
   d. 13 años.

2. **Todos los autobuses matriculados después de _____, deben disponer de cinturón de seguridad.**

   a. 2005.
   b. 2006.
   c. 2007.
   d. Ninguna de las respuestas anteriores es correcta.

3. **El tiempo máximo que durará un itinerario de transporte escolar por lo general, es de:**

   a. Cuarenta y cinco minutos.
   b. Una hora.
   c. Hora y media.
   d. Hora y cuarenta y cinco minutos.

4. **Los vehículos destinados a TE deberán estar homologados según un Real Decreto, de 9 de octubre. ¿Cuál es?**

   a. Real Decreto 2140/1984.
   b. Real Decreto 2141/1985.
   c. Real Decreto 2141/1984.
   d. Real Decreto 2140/1985.

5. **Las ventanas del pasaje:**

   a. No se podrán abrir más de un tercio de las mismas.

   b. No se podrán abrir más de dos tercios de las mismas.

   c. No se podrán abrir más de la mitad de las mismas.

   d. No se podrán abrir.

6. **Los vehículos estarán dotados de una sirena luminosa según el Real Decreto 2822/1998, que deberá ponerse en funcionamiento mientras los pasajeros accedan o salgan del autobús. ¿de qué fecha es?**

   a. De 23 de septiembre.

   b. De 23 de octubre.

   c. De 23 de noviembre.

   d. De 23 de diciembre.

7. **El depósito de combustible estará a más de una determinada distancia de la parte delantera del vehículo. ¿Cuántos centímetros son?**

   a. 50 cm.

   b. 60 cm.

   c. 70 cm.

   d. 80 cm.

8. **Si los autobuses destinados a TE cuentan con menos de 5 años, deben pasar la ITV:**

   a. Cada dos años.

   b. Cada seis meses.

   c. Cada año.

   d. No deben pasar la ITV con menos de esa antigüedad.

9. **El conductor deberá disponer del permiso de conducir D, si el autobús cuenta con más de:**

   a. 20 plazas.
   b. 19 plazas.
   c. 18 plazas.
   d. 17 plazas.

10. **¿Cuántos seguros debe contratar un servicio destinado a TE?**

   a. Uno obligatorio y el otro recomendable.
   b. Dos seguros obligatorios.
   c. Dos seguros recomendables.
   d. Nada se especifica en el manual.

U. A. 3. Identificación de las funciones del conductor

Introducción

La profesionalidad del conductor es fundamental para que la conducción se lleve a cabo de forma segura.

El conductor conoce las funciones más relevantes de su quehacer diario, y sigue escrupulosamente los cuidados y entretenimientos más elementales antes de comenzar la conducción. Todos los niveles serán revisados minuciosamente, todas las luces del salpicadero han de ser comprobadas y las luces y neumáticos se han de revisar casi a diario. Nada se debe dejar a la improvisación. Todo debe estar controlado.

 Cita

La mejor fórmula en la conducción es tomar el mínimo número de decisiones durante el trayecto. Todas las decisiones se han debido tomar antes de comenzar la expedición.

El sector de transporte de viajeros por carretera precisa de profesionales con alto poder de concentración y compromiso: un fallo en la conducción puede comprometer la integridad de los pasajeros y la seguridad del resto de los usuarios de la vía.

Los hábitos en la conducción son rutinas y entretenimientos sobre mantenimiento básico. La seguridad comienza con un buen ajuste de la posición del chófer: altura del sillón, regulación de los espejos, posición del volante y distancia de los mandos.

Fig. 1. Casi siempre la bajada y subida del vehículo escolar se hace sin necesidad de cruzar la calzada

Los cuidados que todo conductor debe tener en ruta respecto de los pasajeros son:

- Que el aire acondicionado es el justo para el confort de los viajeros.
- Que ningún pasajero se levanta sin permiso.
- Que todos viajan cómodos y confortablemente.
- Que disponen de información suficiente (trasbordos, paradas, descansos, etc.).

También se debe tener en cuenta sobre la seguridad en ruta que la distancia de seguridad será frontal, trasera (a la hora de parar) y lateral; y mantener la distancia de adelantamiento de los ciclistas de al menos 1,5 metros.

Por otro lado, en las paradas se velará porque los pasajeros bajen y suban por el lado que tiene acera.

En caso de no ser posible, hay que buscar la señalización más adecuada para permitir el cruce sin peligro y solicitar la ayuda del acompañante para que este se lleve a cabo con las máximas garantías de seguridad.

Objetivos

- Describir las funciones básicas del conductor antes, después y durante la ruta.
- Describir los entretenimientos básicos antes de la conducción.
- Identificar las obligaciones del acompañante.
- Definir los derechos y deberes de los pasajeros.
- Fomentar las habilidades sociales del acompañante con los pasajeros.
- Describir e identificar estrategias de gestión de pasajeros adolescentes.

1. Comprobación técnica del vehículo antes del viaje

Antes de empezar la marcha, el conductor debe comprobar y cerciorarse de:

- Que lleva toda la documentación en regla: seguros en curso, ITV en vigor, etc.
- Que conoce la ruta para llegar al destino. Que ha decidido de entre todas las rutas la más conveniente (no siempre es la más corta, sino la más segura o aquella donde se hacen más kilómetros por autovía).
- Que no existen golpes, arañazos provocados en el turno anterior.
- Que porta el uniforme de empresa, que está en condiciones de limpieza y presentación. Que no le falta ningún complemento (corbata, gorra, etc.).
- Que el autobús está perfectamente limpio: no existen residuos ni basura.
- Que las lunas están limpias. Que no presentan cercos y que no hay fisuras ni rajas.
- Que conoce las limitaciones de velocidad, los radares de su ruta, el estado de las carreteras y las condiciones meteorológicas. Previamente ha debido consultar o informase en la página web de si existen algún tipo de limitaciones de la circulación (atascos, embotellamientos, circulación cortada por eventos, restricciones de circulación a grandes vehículos, etc.).

Sobre los aspectos generales del vehículo, al arrancar, el conductor debe revisar que:

- El encendido de motor funciona correctamente.
- Que no existen ruidos ni anomalías.
- Que la llave no tenga holgura en el contacto. Que no se escuchan ruidos ni vibraciones.
- Que el tubo de escape no expulsa una gran cortina de humo.

Anotación

Si la parte trasera del autobús tiene una gran mancha negra desde el tubo de escape es porque la combustión no se está realizando convenientemente.

**Saber más**

El conductor profesional debe usar más el freno motor y menos el de servicio. De esa forma se evitan los frenazos y acelerones. Además, las marchas largas son más confortables para los pasajeros, porque se reducen las vibraciones del autobús.

Por otro lado, también se debe revisar el equipo, por lo que el conductor debe asegurarse de:

- Que están los triángulos de emergencia, el chaleco reflectante y la sirena.
- Que las luces funcionan adecuadamente y no hay ninguna fundida. Que los intermitentes emiten una señal sonora cuando están encendidos.
- Que los neumáticos están en condiciones adecuadas: que no presentan fisuras ni desgastes. Que disponen de una presión adecuada.
- Que los espejos están en buen estado y que están debidamente posicionados.
- Que la altura del asiento es la adecuada. Que la distancia del volante permite al conductor girar sin esfuerzo.

2. Manipulación de instrumentos y mecanismos auxiliares

El conductor también deberá comprobar el buen estado de los mecanismos del vehículo. Los mecanismos auxiliares están compuestos por:

- **Espejos y lunas**. Todos deben estar limpios, sin cercos ni empañaduras.
- **Monitores**. Es cada vez más frecuente contar con dispositivos de ayuda a la conducción, como GPS, monitores auxiliares de control (cámaras retrovisores sistemas Backeye, que ofrece en una pantalla una visión de todos los espejos retrovisores), monitores de grabación del pasaje (circuitos de televisión cerrado para el control de los pasajeros), etc.
- **Otros sistemas de monitorización**. Se tratan de sistema sonoro de marcha atrás, Cámaras FLIR o de infrarrojos, para la conducción nocturna, etc.

- **Sistemas de apertura de puertas**. Las puertas deben poder abrirse y cerrarse desde el pupitre de conducción de forma automática. Al menos una vez al mes, se comprobarán los sistemas de apertura manual exterior o interior (a accionar en caso de accidente). Estos sistemas deben estar protegidos para evitar ser accionados por causas innecesarias (actos vandálicos, etc.).

Por un lado, se pueden comprobar algunos de los niveles básicos en el salpicadero.

En el cuadro de mandos del vehículo se puede ver que todo está en orden, por ejemplo:

- Que la temperatura del motor es la idónea. Que la temperatura del aceite es la adecuada.
- el nivel de la batería es correcto.
- Que el depósito tiene combustible suficiente.

Fig. 2. El cuadro de mandos indica la velocidad, el nivel de combustible, la temperatura, entre otros indicadores

Además, otras comprobaciones son:

- Que todos los cinturones de seguridad de los pasajeros se abrochan sin apretar en exceso. Esta revisión no tiene que ser diaria, pero sí periódica.
- Que los asientos están en perfecto estado: sin alambres ni rotos ni descosidos.
- Que los reposabrazos funcionan perfectamente. Que se accionan y se abaten correctamente.

- Que las cortinas están en perfecto estado. Que los maleteros interiores cierran herméticamente.

Anotación

Estas revisiones no tienen que ser diarias, pero sí periódicas.

Como se ha mencionado, el conductor debe comprobar el buen funcionamiento de los dispositivos y los mecanismos del autobús. Pero, no hay que olvidar que debe comenzar por comprobar:

- Que la silla está a una altura adecuada.
- Que los espejos retrovisores están a la altura precisa de los ojos del conductor. Este debe poder controlar todos los puntos del autobús con un ligero movimiento de cabeza.
- Que los mandos se manipulan con facilidad (freno motor, palanca de cambio, etc.).
- Antes de empezar la marcha, el conductor debe comprobar y cerciorarse de que porta toda la documentación.

Por otro lado, el correcto funcionamiento de los mecanismos del vehículo se puede asegurar siguiendo estas
indicaciones:

- Comprobar que la dirección es firme, aunque no rígida. Que se puede maniobrar con facilidad.
- Comprobar que los frenos funcionan correctamente incluido el freno de mano. Hay que asegurarse de que no existen ruidos metálicos ya que suele ser síntoma de que las pastillas de freno están gastadas y chocan contra el disco, por lo que necesitan reemplazo.
- Comprobar que los limpiaparabrisas se activan sin problema y que lanzan chorros de agua sin interrupción.

- Comprobar que las luces no deslumbran a los demás usuarios de la vía.
- Comprobar regularmente que los niveles de los líquidos de frenos, aceite del motor, agua del motor y el del limpiaparabrisas son adecuados.

Fig. 3. El motor debe estar en perfectas condiciones de lubricación y todos los niveles deberán revisarse periódicamente

Sobre los mecanismos de monitorización, el seguimiento de los autobuses aumenta la seguridad de los escolares, por lo que muchas empresas optan por la incorporación telemática de seguimiento de flotas.

Estos dispositivos permiten conocer la posición del autobús en cada momento, a qué hora pasará por determinadas paradas y el tiempo que se destina a la recogida de pasajeros.

Proporcionan información sobre los hábitos de los trabajadores y estiman la velocidad promedio, pudiendo corregir velocidades indebidas y evitar comprometer la integridad de los menores.

Fig. 4. El seguimiento de la flota en transporte de menores es una garantía de seguridad para la familia y el personal de los centros educativos

Los monitores de control y seguimiento no disponen exclusivamente de un dispositivo GPS. Existen modelos de monitoreo que:

- Verifican los descansos del conductor. El tacógrafo digital registra información real actualizada al momento del conductor, a qué hora ha comenzado la ruta, cuántas veces ha parado, etc.
- Disponen de cámaras de grabación del pasaje. Existen rutas de menores conflictivas que requieren la filmación de los menores en circuito de televisión cerrado (centros de compensatoria, de difícil desempeño, en riesgo de exclusión social, etc.).
- Cuentan con mecanismos de interacción con la central. No es necesario buscar el número ni telefonear, sino que pulsando un botón se tiene comunicación directa con la empresa. Es muy útil para situaciones de emergencia.
- Disponen de otros mecanismos de seguridad. Monitor de cámaras retrovisores (BlackEye), sensor acústico de marcha atrás, monitores de visión nocturna, etc. La visión nocturna es ideal para evitar atropellos o para detectar animales salvajes en rutas rurales, ya que hay que tener en cuenta que en invierno los escolares comienzan su jornada cuando aún no ha amanecido.

Anotación

Las compañías de transporte recalcan la importancia del control y seguimiento de la flota destinada al transporte escolar.

Fig. 5. Los dispositivos de monitorización de flotas incorporan algo más que un GPS

Tal y como indican las estadísticas de la DGT, en España más de medio millón de escolares son desplazados al día en autobús escolar, lo que supone casi 300.000 traslados en un año escolar.

Por lo que este tipo de tecnología es un aliciente más de contratación ya que familia y clientes encuentran en esta solución de monitoreo una alternativa más de seguridad en carretera

Otra de las funciones del conductor muy importante es la de comprobar y cerciorarse de que porta toda la documentación del vehículo.

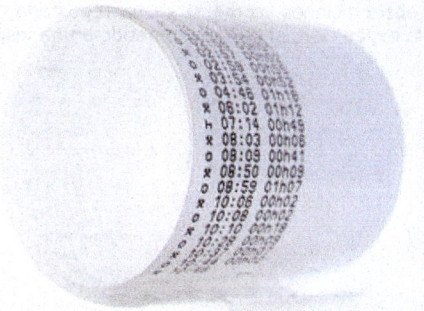

Fig. 6. El tacógrafo debe contar con papel suficiente. La ausencia de papel se considerará infracción leve sancionable

El conductor de transporte TE debe asegurarse de:

- Que porta toda la documentación en regla:
  - Seguros de Responsabilidad Civil en vigencia.
  - Seguro en vigor complementario de responsabilidad ilimitada para TE.
  - La tarjeta de ITV en vigor.
- Que lleva el carné de conducir y el certificado CAP.
- Que dispone del libro de reclamaciones.
- Que lleva a bordo la hoja de ruta: es un documento donde se indica el origen, el destino, las paradas, el nombre del conductor y tipo de servicio (transporte escolar regular, discrecional, urbano, interurbano, etc.). También se registran los kilómetros al comenzar la jornada y al terminar. Muchos libros de ruta

también incorporan observaciones, como si se ha repostado, si ha sufrido avería, si ha sido sancionado durante la expedición, si ha sido sometido a una inspección, etc.

- Que cuenta con discos de tacógrafo (manual) o rollos de papel (digital) de repuesto.

 Anotación

La hoja de ruta es un documento donde se indica el origen, el destino, las paradas, el nombre del conductor y tipo de servicio (transporte escolar regular, discrecional, urbano, interurbano, etc.). También se registran los kilómetros al comenzar la jornada y al terminar. Muchos libros de ruta también incorporan observaciones, como si se ha repostado, si ha sufrido avería, si ha sido sancionado durante la expedición, si ha sido sometido a una inspección, etc.

Resumen

Las principales funciones del conductor se pueden clasificar en la comprobación técnica del vehículo, la manipulación de los mecanismos que incluye este, y la comprobación de la documentación del mismo.

Dentro de este clasificación, algunos acciones fundamentales son:

- Mirar el estado de las ruedas, que no estén desgastadas, que no presenten fisuras y que tengan una presión adecuada.
- Comprobar el estado de las luces.
- Verificar la posición de botiquín, triángulos, extintor y chalecos.
- Comprobar la limpieza exterior e interior de los vehículos. Las lunas deben estar perfectamente limpias.
- Chequear todas las luces del salpicadero: comprobar que no hay ninguna encendida indebidamente (control de mandos) y los niveles son los adecuados.
- Posicionar los espejos y el sillón de conducción a confort del conductor.
- Desde la posición del conductor se deberá ver todos los ángulos internos y externos del autobús.

Glosario

CAP Certificado de Aptitud Profesional

Es un curso único, válido para el transporte de mercancías y de viajeros, indistintamente.

Cuadro de mandos

Tablero que se encuentran en el salpicadero de un vehículo y permite controlar desde la posición del conductor, todos los índices del mismo.

GPS

Sistema que permite determinar gracias a la tecnología satélite, cualquier vehículo en cualquier posición del planeta con una precisión de centímetros.

Luna

Vidrio u otra materia transparente, que se emplea en ventanas de los vehículos para evitar la exposición al aire del conductor.

Monitor

Dispositivo que muestra la información de tu equipo como imágenes y textos, que son generados gracias a una tarjeta de video que se encuentra en el servidor.

Ejercicios de autoevaluación

1. **Al arrancar, el conductor debe revisar:**

   a. Que no existen ruidos ni anomalías.

   b. El encendido de motor funciona correctamente.

   c. Que la llave no tenga holgura en el contacto.

   d. Todas las respuestas anteriores son correctas.

2. **El conductor debe comprobar el buen funcionamiento de los dispositivos y los mecanismos del autobús. Para ello, debe procurar:**

   a. Que la silla esté a una altura adecuada.

   b. Que los espejos retrovisores están a la altura precisa de los ojos del conductor. Este debe poder controlar todos los puntos del autobús con un ligero movimiento de cabeza.

   c. Que los mandos se manipulan con facilidad (freno motor, palanca de cambio, etc.).

   d. Todas las respuestas son correctas.

3. **El conductor deberá comprobar el buen estado de los mecanismos del vehículo. ¿Cuál de las siguientes comprobaciones no se corresponde?**

   a. Comprobar que los bornes de la batería tienen grasa suficiente.

   b. Comprobar la temperatura del motor.

   c. Comprobar que el depósito tiene combustible suficiente.

   d. Comprobar el nivel de la batería.

4. De entre toda la documentación que el conductor debe llevar a bordo, hay una que no corresponde. ¿Cuál es?

    a. Seguro de responsabilidad civil en vigencia.

    b. El TC2.

    c. Seguro en vigor complementario de responsabilidad ilimitada para transporte escolar.

    d. La tarjeta de ITV en vigor.

5. ¿Para qué tipo de transporte es válido el CAP Certificado de Aptitud Profesional?

    a. Transporte de mercancías.

    b. Transporte de viajeros.

    c. Ambos.

    d. Ninguna respuesta es correcta.

6. ¿Qué se puede corregir utilizando los dispositivos de seguimiento de flotas?

    a. Velocidades indebidas.

    b. La capacidad de los autobuses.

    c. La puntualidad en la llegada a destino.

    d. Todas las respuestas son correctas.

7. ¿Qué información proporcionan los dispositivos de seguimiento de flotas?

    a. La velocidad máxima alcanzada por el autobús.

    b. El número de paradas realizadas.

    c. El tiempo que se destina a la recogida de pasajeros.

    d. El número de pasajeros recogidos.

8. ¿Qué significa GPS?

a. Global Positioning Satellite.

b. Global Positioning Service.

c. Global Positioning System.

d. Global Positioning Summary.

9. ¿Qué información se registra en la hoja de ruta?

a. Origen, destino, paradas y tiempo de conducción.

b. Origen, destino y pasajeros que se suben a bordo.

c. Origen, destino, paradas, nombre del conductor y tipo de servicio.

d. Solo el origen y el destino.

10. ¿A qué puede ser debido que la parte trasera del autobús tenga una mancha negra desde el tubo de escape?

a. A que el motor del autobús está funcionando correctamente.

b. A que el tubo de escape está obstruido.

c. A que la combustión no se está realizando convenientemente.

d. Es normal que el tubo de escape desprenda ese tipo de manchas.

U. A. 4. Aplicación de las instrucciones en caso de accidente

Introducción

Aunque el transporte de pasajeros en autobús es uno de los más seguros de entre todos existentes por carretera, siempre cabe la posibilidad de sufrir un accidente. Todos los conductores profesionales están siempre alerta ante una posible eventualidad que degenere en accidente.

- **Accidente**. Suceso imprevisto que altera la marcha normal o prevista de las cosas, especialmente el que causa daños a una persona o cosa.
- **Incidente**. Trastorno que se produce en el transcurso de un viaje o traslado y que repercute en él alterándolo o interrumpiéndolo.

 Ejemplo

Un accidente sería un vuelco del autobús o una colisión. Un incidente sería un pinchazo o avería.

Todos los conductores profesionales deben estar preparados y alerta ante una posible eventualidad que degenere en accidente o incidente.

Respecto a los pasajeros, lo primero que hay que hacer ante estos casos a bordo es avisar al conductor. En ocasiones estos ocurren en la cabina, lejos de la visión del conductor, por ejemplo, una cortina que sale ardiendo.

Objetivos

- Actuar en caso de bloqueo de puertas y saber los protocolos de evacuación.
- Saber manejar un escenario de accidente: choque, vuelco parcial o total, caída al agua y heridas en pasajeros.
- Describir las pautas del protocolo PAS.
- Identificar heridas, golpes por caídas, fiebre y quemaduras.
- Saber actuar ante hemorragias.
- Conocer los métodos de actuación ante la obstrucción de las vías respiratorias.

1. Incidente o anormalidad que supone una avería mecánica, pinchazo o reventón de neumático o de otro tipo similar

Un incidente o anormalidad que supone una avería mecánica, pinchazo o reventón de neumático u otro tipo similar en un vehículo se refiere a situaciones en las que el funcionamiento normal del vehículo se ve interrumpido debido a problemas en su mecánica o neumáticos. Si el incidente puede ser resuelto por el conductor, es preferible que los viajeros no salgan del autobús. Por ejemplo, un mal funcionamiento del tacógrafo o un fallo en la batería.

Realmente no son muchas reparaciones las que puede llevar a cabo un conductor de autobús. Por ejemplo, un usuario de un turismo puede cambiar un pinchazo en un neumático (o al menos intentarlo). No es posible reemplazar un neumático de autobús de forma manual.

Fig. 3. Un neumático pinchado puede ser motivo de desalojo en un autobús, toda vez que el conductor no puede reemplazar la goma con sus propios medios

Un pinchazo ocurre cuando un neumático se perfora y comienza a perder aire. Esto puede deberse a objetos afilados en la carretera, como clavos o vidrios, o a otros factores, como la presión inadecuada de los neumáticos. Este no siempre conduce a un reventón, pero requiere atención inmediata, ya que afecta la capacidad del vehículo para maniobrar de manera segura.

Por otro lado, un reventón de neumático es una situación más grave en la que el neumático se desinfla rápidamente debido a una ruptura en su estructura. Esto puede causar la pérdida repentina de control del vehículo y es potencialmente peligroso, especialmente a altas velocidades.

Una avería mecánica se produce cuando alguno de los componentes del motor, la transmisión, la suspensión u otras partes vitales del vehículo deja de funcionar correctamente. Esto puede incluir problemas en el motor, la caja de cambios, la dirección, los frenos u otras partes mecánicas esenciales del vehículo. Además, pueden variar en gravedad, desde problemas menores hasta averías graves que requieren una reparación inmediata.

En cualquiera de estos casos, es esencial que el conductor tome medidas adecuadas para garantizar su seguridad y la de los demás en la carretera. Esto incluye algunas acciones como:

- Mover el vehículo a un lugar seguro fuera de la carretera o en el arcén.
- Activar las luces de emergencia para advertir a otros conductores de la situación.
- Estacionar en un lugar seguro, lejos del flujo de tráfico.
- Colocar conos o triángulos de advertencia a una distancia segura detrás del vehículo para alertar a otros conductores.
- Permanecer en el vehículo: En la mayoría de los casos, es más seguro permanecer en el vehículo mientras esperas ayuda. Salir del vehículo en una carretera con tráfico puede ser peligroso.
- Llamar a un servicio de asistencia en carretera y proporcionar la ubicación exacta y la naturaleza del problema (avería mecánica, pinchazo, etc.).
- Seguir las instrucciones del operador de la grúa o del servicio de asistencia.

El mantenimiento regular del vehículo, como la revisión de los neumáticos y la mecánica, puede ayudar a prevenir estas averías o al menos detectarlas a tiempo.

En caso de que ocurra una avería, los pasajeros deberán abandonar el vehículo, mantenerse a una distancia alejada del autobús (al menos 200 metros) y siempre fuera de la calzada. Los menores seguirán las instrucciones del conductor y del monitor acompañante, y el desalojo deberá ser ordenado.

Todo el pasaje deberá abandonar el vehículo de forma sosegada, sin empujones.

El trasbordo a otro autobús se procederá siguiendo las instrucciones del conductor y procurando ocupar el mismo asiento que en el autobús averiado.

2. Bloqueo de puertas y evacuación por ventanas de socorro o trampillas de evacuación

El bloqueo de puertas y las medidas de evacuación son procedimientos de seguridad cruciales en caso de emergencia. Estas acciones están diseñadas para garantizar la seguridad de los pasajeros y del conductor.

Respecto al bloqueo de puertas, en caso de emergencia como un accidente o un incendio, las puertas del autobús pueden desbloquearse para permitir una rápida evacuación de los pasajeros.

Por otro lado, los autobuses suelen estar equipados con ventanas de socorro que pueden abrirse en caso de emergencia. Estas ventanas suelen estar diseñadas para facilitar la evacuación y, por lo general, tienen una palanca o un mecanismo de liberación que permite abrir la ventana.

Además, algunos autobuses, especialmente los autobuses más grandes o de dos pisos, pueden estar equipados con trampillas de evacuación en el techo. Estas también son muy útiles en situaciones de emergencia y suelen tener escaleras o toboganes para evacuar a los pasajeros.

En caso de una emergencia que requiera la evacuación del autobús, el acompañante escolar debe seguir siempre las instrucciones del conductor o de los equipos de emergencia que haya en el lugar. En general, las ventanas de socorro deben abrirse con cuidado, y cuidar que los pasajeros bajen con precaución. Si hay trampillas en el techo, se debe esperar a recibir instrucciones antes de usarlas.

 Anotación

La seguridad en los autobuses es responsabilidad tanto del conductor como de los pasajeros. Es importante estar atento a las indicaciones del conductor y saber cómo usar las salidas de emergencia. Además, mantener la calma y ayudar a otros pasajeros durante una evacuación es fundamental para garantizar la seguridad de todos.

3. Incendio de motor o de otras partes del vehículo

Ante un incendio en un transporte de viajeros en general, se procurará, primeramente, extinguir con los propios medios mediante el extintor. En caso de que el incendio aumente, se abandonará el vehículo y se llamará a los servicios de extinción profesionales.

Fig. 2. Ante la duda, es mejor abandonar el vehículo y poner al pasaje en un lugar seguro

Algunas de las actuaciones que se deben seguir en caso de un incendio en un autobús son:

- Mantener la calma para tomar decisiones adecuadas y ayudar a otros pasajeros a hacer lo mismo.
- Notificar inmediatamente al conductor del autobús sobre el incendio. Se puede utilizar el timbre o intercomunicador si está disponible. El conductor debe detener el autobús de manera segura en un lugar donde se pueda evacuar a los pasajeros lejos del fuego y del tráfico.
- Evacuar a los pasajeros. El conductor y los pasajeros deben comenzar a evacuar el autobús de manera ordenada y rápida. Hay que asegurarse de que los pasajeros salgan sin correr ni empujar. Una vez que todos los pasajeros hayan sido evacuados, hay que alejar a todos a una distancia segura del autobús para evitar cualquier riesgo de explosiones o propagación del fuego.
- Utilizar las salidas de emergencia, como las ventanas de socorro o las trampillas de evacuación, si es necesario.
- No intentar abrir el capó del motor en caso de un incendio en esa área, ya que podría empeorar la situación al permitir que el oxígeno alimente el fuego. Alejar a las personas y objetos inflamables, mantener a una distancia segura del autobús en llamas.
- No utilizar extintores a menos que se tenga formación en el uso de estos y se esté seguro de que se puede controlar el fuego de manera efectiva.
- Llamar al servicio de emergencia para informar sobre el incendio y solicitar ayuda.

4. Choque, vuelco del vehículo, caída al agua y evacuación

En caso de choque, si este no ha tenido graves consecuencias, el pasaje y el acompañante permanecerán por seguridad dentro del vehículo. Si el accidente es más grave, se procederá a la evacuación.

Fig. 3. Si el choque no ha tenido más consecuencias que desperfectos, los pasajeros permanecerán dentro del vehículo

Como en anteriores casos, la evacuación será por puertas de acceso, puertas de socorro, ventanas de socorro o trampillas de evacuación. Si las puertas de emergencia no son accesibles o seguras, la evacuación se llevará a cabo por las ventanas de socorro o las trampillas de evacuación.

En primer lugar, se deberá verificar el estado de los pasajeros del vehículo y si alguien está gravemente herido, llamar al servicio de emergencia inmediatamente.

Si es posible y el vehículo todavía es seguro de conducir, el conductor deberá moverlo a un lugar seguro, como el arcén de la carretera. Si no se puede mover, habrá que activar las luces de emergencia para advertir a otros conductores.

Habrá que colocar los dispositivos de advertencia, como chalecos reflectantes, triángulos reflectantes, conos de tráfico o luces de emergencia, a una distancia segura detrás del vehículo para alertar a otros conductores sobre la situación.

Importante

En todos los casos, es importante llamar a la policía para informar sobre el accidente y solicitar asistencia.

Por otro lado, el vuelco de un vehículo se produce cuando este se inclina lateralmente y cae sobre su techo o su lado. Esto puede ocurrir debido a varias razones, algunas de las causas más comunes incluyen:

- **Velocidad excesiva en una curva.** Conducir a velocidades inseguras al tomar una curva, especialmente en carreteras con curvas pronunciadas, aumenta el riesgo de vuelco, ya que la fuerza centrífuga puede hacer que el vehículo se incline demasiado.

- **Manejo brusco o evasivo.** Maniobras evasivas, como giros repentinos del volante o cambios bruscos de dirección para evitar obstáculos, pueden hacer que el vehículo se vuelque debido a la transferencia repentina de peso.

- **Exceso de velocidad en una pendiente.** Conducir a una velocidad excesiva cuesta abajo puede aumentar la probabilidad de vuelco, ya que el peso del vehículo se desplaza hacia adelante, lo que hace que sea más difícil mantener el control.

- **Cargas mal distribuidas.** Una carga mal distribuida o desequilibrada, especialmente en vehículos pesados, puede afectar la estabilidad del vehículo y aumentar el riesgo de vuelco, especialmente en giros o maniobras bruscas.

- **Viento fuerte.** El viento lateral fuerte puede ejercer suficiente presión sobre un vehículo para hacerlo inclinarse y, en casos extremos, volcar.

- **Obstáculos en la carretera.** Colisionar con objetos grandes en la carretera, como bordillos, barreras de contención u otros vehículos, puede causar que un vehículo se incline y vuelque.

- **Defectos en los neumáticos o la suspensión.** Neumáticos en mal estado o problemas en la suspensión del vehículo pueden afectar la capacidad de mantener la estabilidad en la carretera, lo que aumenta el riesgo de vuelco.

- **Cargas elevadas o vehículos con centro de gravedad alto.** Vehículos con una estructura alta o una carga en la parte superior, como camiones o autobuses, son más propensos al vuelco, ya que tienen un centro de gravedad más alto.

- **Condiciones de la carretera.** Carreteras resbaladizas debido a lluvia, nieve o hielo pueden disminuir la tracción y aumentar el riesgo de vuelco.

En este caso, es esencial seguir una serie de actuaciones para garantizar la seguridad de los ocupantes como:

1. Comprobar si los ocupantes están heridos y si hay heridos graves, llamar inmediatamente al servicio de emergencia.
2. Apagar el motor, ya que si el motor del vehículo sigue en marcha puede provocar un incendio.
3. Salir del vehículo de forma segura. Siempre se debe usar las puertas o ventanas para evacuar, aunque si no se puede salir por estas, no se debe intentar forzar la salida. Habrá que esperar a que llegue la ayuda de emergencia.
4. Llamar al servicio de emergencia para informar sobre el accidente y solicitar asistencia.
5. Activar las luces de emergencia o utiliza dispositivos de advertencia, como chalecos reflectantes, triángulos reflectantes, para alertar a otros conductores sobre la situación.
6. Mantener distancia del vehículo volcado para evitar lesiones en caso de que ocurra un incendio o haya un derrame de sustancias peligrosas.

Si el vehículo ha volcado o está en peligro de caer al agua, es importante estabilizarlo lo mejor posible para evitar lesiones adicionales.

Por último, en caso de que se produzca una caída al agua del vehículo, la evacuación se intentará llevar a cabo de la siguiente forma.

Buscar la manera más rápida de salir del vehículo:

- Si se puede, abrir las ventanas o puertas y evacuar por ahí.
- Si no se puede abrir las puertas ni ventanas, esperar hasta que el vehículo esté completamente sumergido antes de intentar abrir una puerta o ventana. Una vez dentro del agua, la presión será igual en ambos lados y será más fácil abrirlas.
- Si no se puede abrir las puertas o ventanas, intentar salir por el techo, si es posible, si el vehículo tiene una salida de emergencia en el techo (como un techo solar o una escotilla).

En caso de caída al agua, se deberá romper todas las ventanas porque la presión impide abrir las puertas.

Fig. 8. En caso de inundación, se procederá a la evacuación del habitáculo porque la presión del agua impide la apertura de las puertas

En todos los casos, si el conductor no ha resultado herido o inconsciente, se procederá a la evacuación del vehículo siguiendo sus instrucciones. En caso contrario, se procederá a evacuar el autobús, con el debido orden, por las salidas disponibles y más adecuadas, por el resto de los viajeros. En el caso de un transporte escolar, se actuará de igual modo, pero con la colaboración del acompañante, si no está herido o inconsciente, y teniendo en cuenta que este siempre deberá actuar a las órdenes del conductor.

Si hubiese algún herido, se procederá a su rescate mediante el personal de bomberos, guardia civil o policía siguiendo las instrucciones del personal sanitario, procurando entretanto su inmovilización con el fin de no empeorar sus lesiones o heridas.

7. Si un viajero se hace daño y queda herido o bien se pone enfermo

Durante un accidente o incidente se debe seguir el protocolo PAS (Proteger, Avisar y Socorrer). Las medidas de actuación de este protocolo son, ante todo, no abandonar el lugar del accidente.

Las medidas de actuación el protocolo PAS, son, ante todo, no abandonar el lugar del accidente.

- **Proteger**: En primer lugar, hay que asegurarse de que la zona está señalizada y que no hay ningún riesgo para la integridad física de los implicados.

  Para ello, es importante colocar señales de advertencia como chalecos reflectantes, triángulos reflectantes, conos de tráfico o luces de emergencia, a una distancia segura detrás del vehículo para alertar a otros conductores sobre la situación. Se trata de no agravar más la situación y evitar que se produzcan más accidentes.

- **Avisar**: A continuación, cuando el perímetro es seguro, se debe avisar a los servicios de emergencia a través del 112. Para alertar al 112 hay que hacerlo de una manera efectiva, el interlocutor no deberá perder la calma.

Se deberá identificar y ubicar el lugar del siniestro, así como estimar el número de heridos y el alcance del accidente. Además, no se deberá colgar hasta que lo indique el asistente.

El servicio 112 es:

o **Universal**. Se puede acceder desde cualquier punto con cobertura.

o **Permanente**. Funciona 24/7.

o **Gratuito**.

o **Inmediato**. Coordina servicios distintos de emergencia: bomberos, policía y ambulancias.

 **Saber más**

El 112 es un número al que se puede llamar desde cualquier punto de la UE. Se puede solicitar socorro en cualquier idioma. Los móviles permiten la llamada a los servicios de emergencia, aunque no se conozca el PIN o el patrón de desbloqueo (se puede llamar desde cualquier móvil, teléfono o cabina telefónica). Es gratuito. Incluso si un móvil no tiene batería, dispone de una mínima reserva para establecer una llamada al servicio 112.

Además, este servicio puede localizar la llamada desde el dispositivo móvil que se ha hecho aun si se ha efectuado con número oculto (mediante sistemas de triangulación permiten ubicar el dispositivo móvil).

- **Socorrer**: Si se conocen las actuaciones de primeros auxilios básicas habrá que actuar hasta la llegada del servicio de emergencia. Hay que tener en cuenta que la prestación de socorro se limita a intervenciones básicas, como la detención de una hemorragia, y siempre teniendo en cuenta que la situación no te pone en peligro a ti.

También se deberá apartar a los pasajeros del lugar del siniestro para evitar más lesiones. No se deberá excarcelar a un pasajero ya que puede tener una lesión en la columna vertebral y supondría una lesión irreversible si no se hace adecuadamente. Hay que dejar a los servicios de emergencia actuar en esta situación. No obstante, se procederá a la evacuación ante la presencia de un peligro mayor para la persona afectada.

A la hora de llevar a cabo actuaciones de socorrismo a los viajeros hay que recordar:

- Avisar al 112 y socorrer sin dañar. Si el herido no sangra ni peligra su seguridad por incendio es mejor no trasladarlo. Se le mantendrá caliente con mantas, abrigos y chaquetas.
- No proporcionar bebidas al accidentado, ni siquiera agua. Podría atragantarse y vomitar.
- Acompañar al herido. Tranquilizarle, animarle, informarle de que los servicios de emergencia ya están de camino. No abandonar a los heridos y mantener la calma.
- Hacer un triage o selección. Velar por la respiración, consciencia y gravedad de las heridas de cada pasajero.
- No medicar a los heridos.

Cuando lleguen los servicios de emergencia, los pasajeros se retirarán del lugar del accidente para dejar a los profesionales trabajar. Los viajeros deberán permitir el acceso al lugar del siniestro.

El botiquín es un instrumento de urgencia por lo que deberá ser revisado periódicamente. Su mantenimiento también forma parte de los entretenimientos del conductor, que deberá informar de que repongan todos los materiales que se hayan gastado previamente.

El botiquín de primeros auxilios debe estar bien equipado y todo su contenido debe estar completo y en buenas condiciones. Nada estará caducado o usado. Deberá incluir:

- Bolsas de frío instantáneo desechables.
- Crema o pomada de hidrocortisona (al 1%).
- Esparadrapo (o cinta adhesiva de uso médico).
- Férula o tablilla.
- Gasa estéril y vendas adhesivas de distintos tamaños.
- guantes de plástico que no contengan látex (2 pares como mínimo).
- Imperdibles (alfiler de seguridad).
- Jabón.

- Loción de calamina.
- Mascarilla de RCP (reanimación cardiopulmonar).
- Medicamentos habituales de venta con receta médica (si se va de vacaciones con su familia).
- Paracetamol e ibuprofeno.
- Pinzas.
- Pomada antibiótica.
- Solución desinfectante (como agua oxigenada).
- Termómetro.
- Tijeras afiladas.
- Tiritas de distintos tamaños.
- Toallitas desinfectantes.
- Toallitas impregnadas de alcohol o alcohol de uso médico.
- Venda elástica.

También se procurará disponer de una sábana y un manual de primeros auxilios.

El botiquín deberá estar fuera del alcance de los pasajeros ya que contiene material punzante que es peligroso para los menores. Es obligación del monitor/acompañante saber dónde está el botiquín.

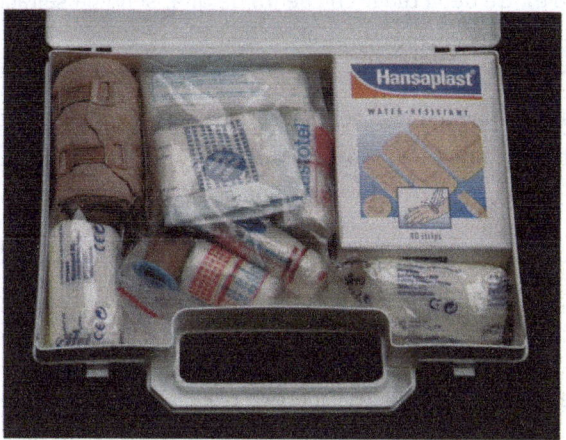

Fig. 5. El botiquín es obligatorio en transporte escolar

9. Actuaciones ante accidentes y/o incidentes de los menores y escolares

Ante un accidente, se seguirán las siguientes indicaciones:

- Organizar la evacuación de los pasajeros. Ésta debe ser ordenada, sin precipitaciones ni empujones. Abrir las puertas del vehículo (incluso pulsando el botón de apertura de puertas), poner las luces de emergencia, poner el freno de mano y retirar el contacto.
- No se permitirá que los pasajeros recojan enseres ni equipajes.
- Los pasajeros deberán permanecer a 200 metros, fuera de la calzada.
- Si el autobús vuelca, los viajeros deberán salir por las ventanas de emergencia o la trampilla del vehículo.
- Mantener la calma. Evitar que cunda el pánico entre el pasaje.
- Localizar el extintor y el botiquín. Ponerse el chaleco reflectante.
- Señalizar el accidente con los triángulos y la sirena. Si fuese necesario, indicar a los pasajeros que hagan señales de stop a otros vehículos (por ejemplo, en curva y autovía es necesario que los pasajeros indiquen a los demás conductores desde una posición segura que hay un autobús accidentado).
- Asegurarse de que no existen más peligros ocultos (por ejemplo, fuga de combustible). Se debe tener en cuenta de que, si no ha saltado el airbag, puede saltar en cualquier momento.

A continuación, se detallan algunas de las actuaciones de primeros auxilios que se deben llevar a cabo ante cierto tipo de lesiones y heridas.

A. Heridas

En primer lugar, habrá que lavarse las manos con jabón o gel antibacteriano. También se puede emplear una solución hidroalcohólica para la desinfección.

La herida se deberá lavar con agua y jabón, sin incidir el chorro directamente sobre la herida, y se empleará un apósito estéril para esto.

Habrá que presionar la herida con firmeza y suavidad para detener el sangrado. A continuación, se aplicará el gel antibacteriano y se vendará la herida con material estéril procurando que esta no se pegue a la herida (si no, al retirar el vendaje, se arranca la costra).

Anotación

Las heridas se desinfectan con agua oxigenada mejor que con alcohol (la aplicación de alcohol es más dolorosa para el accidentado). También se pueden aplicar soluciones de mercurocromo (mercromina) o soluciones yodadas.

B. Caídas y golpes

Ante todo, se debe comprobar que no se tiene ninguna fractura. Para eso, se le pedirá al paciente si es capaz de mover la zona afectada. Antes de ninguna actuación, se deberá comprobar si tiene heridas, en cuyo caso se desinfectará lo primero de todo tal y como se ha descrito en el epígrafe anterior.

Si hay fractura, se debe inmovilizar el miembro con una tablilla (en el botiquín debe haber una) y si no es lo suficientemente grande, emplear un objeto rígido (por ejemplo, una carpeta de estudiante de pasta dura). Sujetar firmemente con vendas y emplear apósitos a modo de almohadilla. También se puede emplear una pieza de ropa para acolchar la fractura (un anorak, por ejemplo).

En caso de que no haya rotura sea, se deberá mantener en reposo la zona afectada, sin moverla. A continuación, se aplicará frío pero envuelto en un apósito o venda (no se puede aplicar hielo directamente sobre la piel porque produce quemazón).

El frío alivia el dolor. Si éste persiste o es muy intenso, se deberá trasladar al herido a urgencias o pedir socorro al 112.

C. Hemorragias

Para parar una hemorragia, se deberá taponar fuertemente sobre la herida con un apósito. Aplicar presión continua hasta que el sangrado cese. Mantener la presión sujetando bien la herida con una venda o prenda de ropa limpia.

En caso de que la hemorragia sea intensa, taponar con alguna prenda de ropa (por ejemplo, un abrigo) y trasladar urgentemente al herido a un hospital.

D. Obstrucción vías respiratorias

La maniobra RCP se comenzará ante una sospecha de parada cardiorrespiratoria. También se denominan maniobras SVB, de Soporte Vital Básico (SVB).

Estas maniobras de reanimación se deben llevar exclusivamente a la espera de los servicios profesionales de emergencia, quienes se encargarán de actuar convenientemente.

El conductor ante la presencia de profesional sanitario debe dejar paso, dejar trabajar y seguir las instrucciones.

Las instrucciones para llevar a cabo esta maniobra son:

- **Masaje cardiaco.** Colocado el paciente boca arriba, el auxiliador se pone de rodillas sin doblar los codos. Con las dos palmas juntas, se localiza la punta el esternón (tiene forma de cuchillo). Se presiona firmemente sobre el pecho de la víctima. Se suelen hacer 100-120 pulsaciones por minuto.
- **Respiración boca a boca.** Se le abre la boca al paciente, se le aplasta la lengua sobre el fondo de la boca para poder insuflar aire. Se tapa la nariz de del herido y se sopla sobre la boca durante 2 segundos. Se deja que salga y aire y se repite la operación cada cinco segundos.

Importante

Los objetos atorados en las vías respiratorias se deberán extraer con instrumentos especiales, como una sonda endotraqueal para permitir la respiración.

E. Fatiga

La fiebre es una respuesta natural del cuerpo. Es un signo de infección y por lo general, la fiebre como tal es inofensiva. Generalmente la fiebre no requiere ningún tratamiento, ya que es un aumento de la temperatura corporal como aviso de que algo no está funcionando bien.

Anotación

Lo primero que hay que comprobar ante la presencia de fiebre es descartar que se trate de COVID–19.

La temperatura corporal media es de 36,5 ºC. En la horquilla 36 a 37 ºC, se considera temperatura de normalidad. Cada individuo tiene una temperatura: depende de la actividad física y de la edad (los ancianos suelen tener unas décimas menos).

Para aliviar la fiebre de los pasajeros:

- Hidratar en abundancia (agua, zumo, etc.).
- Aflojar las ataduras (cinturón, desabrochar camisa y la corbata, si la tuviese).
- Usar una manta para que no pierda calor (por lo menos hasta que cesen los escalofríos).
- No dar aspirinas a los adolescentes ni tampoco analgésicos.
- Proporcionar un ibuprofeno o paracetamol (si no tiene antecedentes alérgicos).
- Avisar a la familia y trasladar al hospital si fuese necesario.

Los síntomas de la fiebre son deshidratación, rigidez en el cuello, dolor abdominal, sarpullidos y dificultad respiratoria.

También se hace difícil tragar líquidos y dolor abdominal al orinar.

 **Saber más**

Existen termómetros rectales, orales, arteriales (infrarrojos), axilares y de oído (membrana timpánica). Los termómetros de mercurio (de cristal) ya no se venden por ser muy contaminantes.

Es imprescindible desinfectar el termómetro después de cada uso.

E. Quemaduras

Si un pasajero sufre alguna quemadura, algunas recomendaciones de actuación son:

- Aplicar agua fría sobre la zona quemada. También se puede sumergir la zona en agua fría (por ejemplo, un brazo, una mano, una pierna, etc.).
- Reconfortar al pasajero. Que no cunda el pánico, mantener la calma.
- Si tiene restos de ropa en la quemadura, no retirar: podría hacerle daño y agravar aún más la herida. En un caso tal, trasladar inmediatamente al hospital.
- Si la quemadura es leve, se cubrirá con una venda estéril o apósito nuevo.
- Proteger la quemadura de roces.
- No aplicar cremas no adecuadas: existe un falso mito que indica que a las quemaduras se les aplica pasta dental.

Resumen

En términos generales, ante cualquier incidente o accidente, se deben llevar a cabo las siguientes actuaciones:

- **Mantener la calma.** La calma ayudará a tomar decisiones adecuadas y actuar de manera más efectiva.
- **Organizar la evacuación de los pasajeros.** Esta debe ser ordenada y segura, sin precipitaciones ni empujones. Se procederá siempre que se pueda por la puerta de emergencia del vehículo, y si estas no funcionan, no son accesibles o seguras se utilizarán las ventanas de socorro o las trampillas de evacuación. No permitir que los pasajeros recojan enseres ni equipajes.
- **Colocar dispositivos de advertencia.** Como chalecos reflectantes, triángulos reflectantes, conos de tráfico o luces de emergencia, a una distancia segura detrás del vehículo para alertar a otros conductores sobre la situación.
- **Ubicar a los pasajeros en un lugar seguro.** Para evitar lesiones o riesgos deberán permanecer a 200 metros, fuera de la calzada.
- **Avisar a los servicios de emergencia.** Aun si no hay lesiones evidentes, es importante buscar atención médica después de un accidente, ya que algunas lesiones pueden no ser aparentes de inmediato.

Por otro lado, a la hora de actuar se deberá seguir el protocolo **PAS**:

- **Proteger.** Asegurarse de que la zona esté señalizada y que no haya ningún riesgo para la integridad física de todos los implicados.
- **Avisar.** Llamar a los servicios de emergencia (112) para que acudan lo más pronto posible al lugar del accidente.
- **Socorrer.** Ofrecer primeros auxilios a las personas que lo necesiten para estabilizarlas.

Para llevar a cabo actuaciones de primeros auxilios, es fundamental que el vehículo cuente con un botiquín totalmente equipado.

Algunos de los incidentes o accidentes que se pueden producir en su interior son: heridas, hemorragias, golpes y caídas, quemaduras, fiebre, etc. En todos los casos se actuará si se poseen conocimientos de primeros auxilios básicos, en caso contrario se avisará a los servicios de emergencia para que ellos te asesoren.

Glosario

Accidente

Suceso imprevisto que altera la marcha normal o prevista de las cosas, especialmente el que causa daños a una persona o cosa.

Accidente en cadena

Aquellos en los que un accidente causa otros más como consecuencia de un segundo impacto.

Hemorragia

Salida de sangre desde el aparato circulatorio, provocada por la ruptura de vasos sanguíneos como venas, arterias o capilares.

Incidente

Trastorno que se produce en el transcurso de un viaje o traslado y que repercute en él alterándolo o interrumpiéndolo.

Triage

Evaluación y clasificación de personas según la gravedad de su condición y la necesidad de atención médica inmediata.

Ejercicios de autoevaluación

1. Para aliviar la fiebre no se debe:

a. Hidratar en abundancia (agua, zumo, etc.).

b. Aflojar las ataduras.

c. Usar una manta si tiene frío.

d. Dar una aspirina o un analgésico.

2. Si un pasajero se quema, NO se debe:

a. Aplicar agua fría sobre la zona quemada.

b. Sumergir la zona en agua fría (por ejemplo, un brazo, una mano, una pierna, etc.).

c. Retirar la ropa quemada.

d. Proteger la quemadura de roces.

3. Trastorno que se produce en el transcurso de un viaje o traslado y que repercute en él alterándolo o interrumpiéndolo.

a. Incidente.

b. Accidente.

c. Colisión.

d. Atropello.

4. En caso de caída:

a. Se debe comprobar que no se tiene ninguna fractura. Para eso, se le pedirá al paciente si es capaz de mover la zona afectada.

b. Se deberá comprobar si tiene heridas, en cuyo caso se desinfectará.

c. Se debe omitir mover al herido por si tuviese fractura de espalda.

d. Todas las anteriores son correctas.

5. ¿Cuál de las siguientes afirmaciones es falsa?

a. Para parar una hemorragia, se deberá taponar fuertemente sobre la herida con un apósito.

b. Se deberá aplicar presión continua hasta que el sangrado cese.

c. Se deberá desinfectar la herida manteniendo la herida bajo un chorro del agua.

d. Se deberá mantener la presión sujetando bien la herida con una venda o prenda de ropa limpia.

6. El masaje cardiaco se aplicará entre:

a. 100-120 pulsaciones por minuto.

b. 90-100 pulsaciones por minuto.

c. 80-90 pulsaciones por minuto.

d. Ninguna de las anteriores es cierta.

7. ¿Dónde se deben colocar los dispositivos de advertencia?

a. Dentro del vehículo.

b. A una distancia segura detrás del vehículo.

c. En la calzada.

d. No es necesario colocar dispositivos de advertencia.

8. ¿Cuál es el protocolo a seguir en caso de accidente?

a. PAS (Permanecer, Ayudar, Seguir).

b. PAS (Permanecer, Avisar, Seguir).

c. PAS (Proteger, Avisar, Socorrer).

d. PAS (Proteger, Ayudar, Seguridad).

9. ¿Qué puede contribuir a un vuelco de vehículo?

    a. Viento fuerte.

    b. Falta de iluminación en la vía.

    c. Falta de seguro del vehículo.

    d. Ninguna respuesta es correcta.

10. ¿Qué se debe hacer si el vehículo ha volcado o está en peligro de caer al agua?

    a. Estabilizarlo lo mejor posible.

    b. Ignorar la situación y esperar a ser rescatado.

    c. Salir rápidamente del vehículo.

    d. Ninguna respuesta es correcta.

Aplicaciones prácticas

Aplicación práctica 1. Clasificación de los tipos de transporte escolar

Imagina que eres el director de una escuela privada en una pequeña ciudad que tiene estudiantes de todas las edades, desde preescolar hasta secundaria.

Dado el crecimiento de la matrícula y la ubicación de la escuela en una zona donde los estudiantes viven a distancias variables, decides revisar y organizar el transporte escolar y de menores para garantizar que todos los estudiantes puedan acceder a la educación de manera eficiente y segura.

Elabora una tabla comparativa clasificando los tipos de transporte que puedes usar para esta reorganización y sus ventajas y desventajas.

Aplicación práctica 2. Servicio de transporte escolar

Un colegio de Villanueva de la Cañada (Madrid) ha solicitado a una compañía de transportes el servicio de transporte escolar. Su director ha solicitado un informe sobre si la compañía cumple los requisitos para contratar transporte escolar.

Elabora un pequeño dossier para que la empresa de transportes lo cumplimente, señalando:

- El tipo de habilitación y certificación que deben tener los conductores. Cuál es la antigüedad que deben tener los vehículos.
- Qué equipamiento de seguridad debe incluir los vehículos. Características que debe tener el perfil de acompañante/monitor escolar. Cómo serían las paradas y las características del itinerario.
- Qué tipo de seguros tiene que tener la compañía.

Aplicación práctica 3. Comprobaciones básicas del vehículo

Imagina que acabas de recibir tu certificado de conductor profesional de autobús y estás haciendo las prácticas en una empresa de transportes de tu localidad.

El primer día, la jefa de tráfico de dicha empresa te enseña qué es lo principal que cada conductor debe comprobar del vehículo (checking) al comenzar la jornada.

Elabora un documento a modo de check list con dichas acciones.

Aplicación práctica 4. Actuación en caso de accidente

Imagina que durante tu jornada laboral en una ruta escolar esta sufre un accidente. A su paso por una calle estrecha una rama de un árbol impactó sobre una ventana de emergencia que la reventó. El cristal se hizo añicos y los restos salpicaron a una de las menores de 12 años que iba sentada en ese sitio provocándole heridas en una mano y la pierna. La herida de la pierna no es muy profunda y la de la mano está sangrando.

¿Cómo actuarias ante esta situación? Describe detalladamente los pasos que llevarías a cabo para atender a la menor.

Ejercicio de evaluación final

1. **La Administración podrá llevar a cabo las modificaciones en las condiciones de prestación bien de oficio o a instancia de las empresas o los pasajeros siempre que no afecte a la rentabilidad de la concesión, en virtud del artículo:**

    a. 72.

    b. 73.

    c. 74.

    d. 75.

2. **El transporte que se desarrolla sin sujeción a itinerario, calendario ni horario preestablecido se denomina:**

    a. Regular.

    b. General.

    c. Discrecional.

    d. Ninguna respuesta es correcta.

3. **Si una empresa de manipulación de contenedores fleta a disposición de los empleados un autobús que traslada a la plantilla hasta el puerto, se considera un transporte de tipo:**

    a. Regular.

    b. General.

    c. Discrecional.

    d. Ninguna respuesta es correcta.

4. Se permite que los autobuses de transporte escolar circulen sin cinturón en los asientos de los viajeros siempre que estén matriculados antes de:

    a. Septiembre de 2005.
    b. Septiembre de 2006.
    c. Septiembre de 2007.
    d. Nunca, todos deben disponer de cinturón de seguridad para los pasajeros.

5. Los servicios de transporte escolar o de menores deberán estar debidamente identificados con la señal:

    a. V-10.
    b. V-11.
    c. V-12.
    d. Ninguna respuesta es correcta.

6. Si el autobús tiene menos de 19 plazas deberá llevar las siguientes placas obligatorias:

    a. Dos placas delanteras (opcional) y trasera (obligatoria) de 20 x 20 cm.
    b. Dos placas delanteras (opcional) y trasera (obligatoria) de 30 x 30 cm.
    c. Placas anterior y posterior de gran tamaño.
    d. Podrán llevar planchas de mayores dimensiones siempre que no interrumpa la visibilidad (optativo).

7. El acompañante de transporte escolar debe:

    a. Estar debidamente capacitado para el cargo con la correspondiente certificación.
    b. Conocer los mecanismos de emergencia como apertura y cierre manual de las puertas en caso de accidente.
    c. Conocer los dispositivos de emergencia, obligatorios en todo autobús de pasajeros, como ubicación de los triángulos, de las sirenas de emergencia, de los chalecos reflectantes y de los extintores.
    d. Todas las respuestas son correctas.

8. **Las especificaciones relativas a los seguros se encuentran en el art. 12 del Real Decreto:**

   a. 443/2004, de 27 de abril.
   b. 443/2003, de 27 de abril.
   c. 443/2002, de 27 de abril.
   d. 443/2001, de 27 de abril.

9. **¿Cuáles de las siguientes funciones son propias del acompañante de transporte escolar?**

   a. Asistir a los alumnos en caso de accidente.
   b. Pasar lista e informar al centro educativo de las ausencias.
   c. Controlar que todos los pasajeros son miembros de la comunidad educativa.
   d. Todas las respuestas son correctas.

10. **La inspección técnica de autobuses cuando este tiene más de cinco años se pasará cada:**

   a. 6 meses.
   b. 1 año.
   c. 2 años.
   d. 3 años.

11. **La limitación de velocidad en vehículos de transporte escolar será:**

   a. 10 km menos de lo habitual.
   b. 15 km menos de lo habitual.
   c. 20 km menos de lo habitual.
   d. Ninguna respuesta es correcta.

12. Los itinerarios no podrán exceder de:

    a. 30 minutos.

    b. 45 minutos.

    c. 60 minutos.

    d. Cada centro podrá disponer del tiempo que sea necesario.

13. Existe un seguro de responsabilidad civil ilimitada.

    a. Sí, y es recomendable.

    b. Sí, y es obligatorio.

    c. Sí, y es opcional.

    d. No, con el de responsabilidad civil general de todos los vehículos es suficiente.

14. ¿Qué tipo de mantenimiento puede ayudar a prevenir averías en el vehículo?

    a. Revisión de los neumáticos.

    b. Revisión del sistema de audio.

    c. Revisión del sistema de navegación.

    d. Revisión de las llantas.

15. ¿Qué es un accidente?

    a. Un suceso imprevisto que altera la marcha normal o prevista de las cosas.

    b. Un suceso planificado que altera la marcha normal o prevista de las cosas.

    c. Un suceso predecible que altera la marcha normal o prevista de las cosas.

    d. Ninguna respuesta es correcta.

16.¿Cómo debe poder controlar el conductor los puntos del autobús?

a. Con un ligero movimiento de cabeza.

b. Con un movimiento de brazo.

c. Con un movimiento de pierna.

d. Todas las respuestas son correctas.

17.¿Cómo se pueden clasificar las funciones que todo conductor debe tener en su trabajo?

a. Mientras está en ruta y mientras está en la parada.

b. Rutinas y entrenamientos sobre mantenimiento básico.

c. Ajuste de la posición del conductor.

d. Todas las funciones son exclusivamente del mantenimiento del vehículo.

18.¿Cuántas señales V-10 debe tener un vehículo de transporte escolar?

a. Dos.

b. Una.

c. Tres.

d. Ninguna es obligatoria.

19.¿Cuál es una infracción leve en el transporte escolar?

a. No llevar documentación obligatoria a bordo.

b. Manipulación del tacógrafo.

c. Exceder el tiempo máximo de trayecto.

d. Conducir bajo los efectos del alcohol.

20.¿Qué constituye un delito tipificado en el Código Penal?

    a. Circular sin seguro obligatorio.

    b. Circular sin seguro complementario.

    c. Conducir bajo los efectos del alcohol.

    d. Ninguna respuesta es correcta.

Solucionario

U. A. 1. Conocimiento acerca de los diferentes tipos de transporte escolar dirigidos a menores

1. c		**6.** a
2. b		**7.** b
3. b		**8.** d
4. a		**9.** c
5. d		**10.** b

U. A. 2. Identificación de los elementos que conforman la seguridad respecto al transporte escolar

1. a		**6.** c
2. c		**7.** b
3. a		**8.** c
4. d		**9.** d
5. a		**10.** b

U. A. 3. Identificación de las funciones del conductor

1. d		**6.** a
2. d		**7.** c
3. a		**8.** c
4. b		**9.** c
5. c		**10.** c

U. A. 4. Aplicación de las instrucciones en caso de accidente

1. d   **6.** a

2. c   **7.** b

3. a   **8.** c

4. d   **9.** a

5. c   **10.** a

Bibliografía

Monografías

SEGUÍ PONS, J. M., RUIZ PÉREZ, M., GUAITA MAS, F., ESCALAS, F., BAUXÀ, A. (2003): "La planificación de rutas de transporte escolar a través de un SIG: El proyecto SIGTEBAL", GeoFocus (Artículos), nº 3, p. 58-76. ISSN: 1578-5157

Legislación

- Ley 16/1987, de 30 de julio, de Ordenación de los Transportes Terrestres.
- Ley 37/2015, de 29 de septiembre, de Carreteras.
- Orden FOM/1190/2005, de 25 de abril, por la que se regula la implantación del tacógrafo digital.
- Real Decreto 1032/2007, de 20 de julio, por el que se regula la cualificación inicial y la formación continua de los conductores de determinados vehículos destinados al transporte por carretera.
- Real Decreto 1163/2009 de 10 de julio, por el que se modifica el Real Decreto 640/2007, de 18 de mayo, por el que se establecen excepciones a la obligatoriedad de las normas sobre tiempos de conducción y descanso y el uso del tacógrafo en el transporte por carretera.
- Real Decreto 1428/2003, de 21 de noviembre, por el que se aprueba el Reglamento General de Circulación.
- Real Decreto 1211/1990, de 28 de septiembre, por el que se aprueba el Reglamento de la Ley de Ordenación de los Transportes Terrestres.
- Real Decreto 894/2002 de 30 de agosto, por el que se modifica el Real Decreto 443/2001, de 27 de abril, sobre condiciones de seguridad en el transporte escolar y de menores.
- Real Decreto Legislativo 6/2015, de 30 de octubre, por el que se aprueba el texto refundido de la Ley sobre Tráfico, Circulación de Vehículos a Motor y Seguridad Vial.

- Real Decreto 818/2009, de 8 de mayo, por el que se aprueba el Reglamento General de Conductores.

Webgrafía

Junta de Andalucía. Educación
https://www.juntadeandalucia.es/educacion/portals/web/ced/transporte-escolar